John Waters
Abartig

John Waters

ABARTIG

Meine Obsessionen

Aus dem
Amerikanischen
von Armin Kaiser

Ullstein

Deutsche Erstausgabe

ein Ullstein Buch Nr. 22182
im Verlag Ullstein GmbH,
Frankfurt/M – Berlin
Titel der amerikanischen
Originalausgabe: Crackpot

Printed in Germany 1989
Gesamtherstellung: Ebner Ulm
ISBN 3 548 22182 3

Oktober 1989

CIP-Titelaufnahme
der Deutschen Bibliothek

Waters, John:
Abartig: meine Obsessionen / von John
Waters. – Frankfurt/M; Berlin:
Ullstein, 1989
(Ullstein-Buch; Nr. 22182)
ISBN 3-548-22182-3
NE: GT

Für Pat Moran

Inhalt

Mit John Waters durch L. A.

Los Angeles ist exakt so, wie man es von einer bedeutenden amerikanischen Stadt erwartet: reich, albern, von zweifelhaftem Geschmack und strotzend vor falschem Glamour. Ich kann mir wirklich keinen besseren Urlaubsort vorstellen – außer Baltimore natürlich, wo ich die meiste Zeit lebe. Da ich mein Zuhause nicht an einem Ort habe, den die Unterhaltungsbranche als »richtige Stadt« erachtet, bin ich ein ewiger Tourist, und das ist die beste Art zu reisen. Kein Mensch gewöhnt sich an einen, man gewinnt neue Freunde, ohne sich die Alltagssorgen von Hinz und Kunz anhören zu müssen, und man jettet trotzdem mit dem Gefühl nach Hause, alles zu kennen.

Nach L. A. zu fliegen kostet so gut wie nichts. Sorgen Sie dafür, daß Sie einen Fensterplatz bekommen, damit Sie den Anblick der sich von Horizont zu Horizont erstreckenden Fläche dieser gigantischen Vorstadt auskosten können. Stellen Sie sich vor, wie aufregend es wäre, ein Erdbeben zu beobachten, während Sie sich noch in der Luft befinden. Und dazu noch in Sensurround.

Es gibt unzählige Unterkünfte, entweder spottbillig oder geradezu lächerlich teuer, aber ich empfehle das »Skyways Hotel« (9250 Airport Boulevard). Es liegt direkt unter der Anflugschneise von wirklich jedem Jumbo-Jet, der mit ohrenbetäubendem Lärm auf dem Flughafen von L. A. landet. »Die Gäste beschweren sich zwar, aber das sind wir gewohnt«, vertraute mir der Portier kürzlich an.

Sobald Sie im »Skyways« abgestiegen sind, schlüpfen Sie in etwas knalligere Kleidung als Sie normalerweise tragen. Dann verlassen Sie Ihr Zimmer und werfen einen kurzen Blick nach oben: auf eine Maschine, die aussieht, als wolle sie Sie enthaupten. Wenn Sie wie ich Flugzeuge sexy finden, haben Sie vielleicht Lust, ein romantisches Picknick auf dem nahegelegenen Pershing Drive ins Auge zu fassen. Es ist menschenunmöglich, sich dem Ende der Rollbahn noch weiter zu nähern. Die gigantischen 747er dort, die nur wenige Zentimeter über

Ihrem Kopf abheben, werden Ihnen eine Heidenangst einjagen. Der Flugplatz hat sogar einen Treffpunkt für Liebespaare (der 400er Block der East Sandpiper Street). Da kuscheln die Pärchen mit den geplatzten Trommelfellen, während direkt vor ihren Augen die Schallmauer bricht.

Es ist jetzt höchste Zeit, einen Mietwagen zu nehmen, die Fenster runterzukurbeln und sich auf die erste große Sehenswürdigkeit einzustimmen: die Freeways. Die sind derartig amüsant, daß sie eigentlich Eintritt kosten sollten. Zögern Sie nicht, bei hoher Geschwindigkeit kreuz und quer durch den sechsspurigen Verkehr Zickzack zu fahren; das vertreibt im Nu den Jet-Lag. Schalten Sie im Radio A. M. ein – in L. A. geht es einzig und allein darum, Mainstream zu sein. Wenn Sie die wahrhaft teuflische Hitparade genauso verabscheuen wie ich, stellen Sie KRLA ein, einen Oldie-Sender, der *richtige* Musik spielt, und warten Sie auf »Wild Thing« von den Troggs. Das Stück faßt kurz und gut zusammen, was Sie in Südkalifornien sehen werden.

Sie fahren nun wie jeder normale Tourist in Richtung Hollywood. Atmen Sie diesen Smog ein, und weiden Sie sich daran, daß Sie einzig in L. A. eine grüne Sonne oder einen braunen Mond zu Gesicht bekommen. Vergessen Sie die Propaganda, die Sie über saubere Luft gehört haben; verlangen Sie einen Sauerstoff, den Sie wahrhaft sehen können in seiner ganzen prächtigen Verfärbung. Denken Sie nur an die glücklichen Schulkinder, die in der Schule smogfrei bekommen statt schneefrei. Stellen Sie sich vor, wie sie am Abend vor einer wichtigen Klassenarbeit die Motoren der elterlichen Wagen in der Hauseinfahrt auf Touren bringen.

An der Abfahrt La Cienega biegen Sie vom Santa Monica Freeway ab und fahren nach Norden. Fußgänger beachten Sie gar nicht; das sind die Jammergestalten von L. A., Wesen, denen man den Führerschein entzogen hat, weil sie sich fahruntüchtig hinters Steuer gesetzt haben. Wenn Sie den Beverly Boulevard kreuzen, werfen Sie einen Blick nach links. Sie sehen dann das erste Beispiel für die exquisite Architektur dieser Stadt, das »Tail O'the Pup«, eine Hot-Dog-Bude, die genau dieselbe Form hat wie das dort verkaufte Produkt. Biegen Sie links ab auf den Sunset Boulevard, und nehmen Sie die vielen grellen Reklamewände in sich auf, die geschaffen wurden, um die Egos der Filmproduzenten bauchzupinseln. Freuen Sie sich, daß Lady Bird Johnson ihren Feldzug verloren hat, mit dem sie die Straßen des Landes um diese schillernden Monumente bringen wollte. Möchten Sie sich nicht auch lieber eine riesige Pappfigur von Buddy Hackett ansehen als irgendeinen blödsinnigen Baum?

Fahren Sie umgehend weiter nach Trousdale Estates, der neureichsten aller neureichen Wohngegenden. Falls jemand eine Parodie auf den *Architectural Digest* veröffentlicht, muß diese Enklave auf die Titelseite kommen. Das ist wirklich schlechter Geschmack à la Südkalifornien auf dem neuesten Stand. Jedes Haus sieht aus wie »Trader Vic's«. Jetzt fahren Sie den Hillcrest Drive ganz hinauf und kreischen vor Verblüffung über Villa Rosa, Danny Thomas' protziges Anwesen, das mehr Überwachungskameras aufzuweisen hat als das Weiße Haus. Halten Sie an und glotzen Sie wie blöd und fragen Sie sich, warum er so paranoid ist. Wer auf Gottes Erdboden sollte denn Danny Thomas meucheln wollen? Das würde nicht einmal den Sprung auf die Titelseiten schaffen! Dann machen Sie wegen der abscheulichsten Sehenswürdigkeit überhaupt einen Umweg über den 590 Arkell Drive – ein Haus, welches dermaßen überdekoriert ist, daß es an der *Außenwand* Vorhänge hat. Kann da Rasen mit Teppichboden noch lange auf sich warten lassen?

Sie merken sofort, wenn Sie in Hollywood sind – es sieht genau so aus, wie Sie es sich immer vorgestellt haben, selbst wenn Sie noch nie ein Foto davon gesehen haben. Ich fahre immer direkt zum Hollywood Boulevard. Verschrobene alte Knacker wie Mickey Rooney hacken immer auf diesem kleinen Boulevard der zerbrochenen Träume herum, bezeichnen ihn als Kloake und verlangen eine Säuberung. Aber die kapieren nichts. Hollywood muß kitschig und verlottert sein, um Gottes willen. Es bringt etwas, wenn Sie gegen sechs Uhr morgens kommen, um die sehr kleine und schrecklich perverse Gruppe von Sektierern sehen zu können, die sich vor »Mann's Chinese Theatre« (6925 Hollywood Boulevard) versammelt, um mitzuerleben, wie sich Natalie Woods Fußabdrücke mit Wasser füllen, wenn der Hausmeister den Zement abspritzt. Fahren Sie weiter die Straße hinauf zum besten Zeitungsstand der Welt, der Universal News Agency (1655 North Las Palmas Avenue), und besorgen Sie sich *This Is Hollywood,* einen Reiseführer, der alle unumgänglichen touristischen Attraktionen aufführt, so zum Beispiel die Stelle von Diane Linkletters Sprung in den Tod (8787 Shoreham Drive, sechste Etage) und das Liebesnest von Kim Novak und Sammy Davis Jr. (780 Tortuose Way). Ein Stück weiter auf dem Boulevard begegnen Sie vielleicht dem beinlosen, einarmigen Weißen, der auf offener Straße einen Break-Dance für entsetzte Familien hinlegt, die auf dieser Promenade des Ruhms ihren Bummel machen. Schauen Sie um sich herum und betrachten Sie all die Los-Angeles-Engel aus Fleisch und Blut (wie in dem Film mit dem Werbespruch »Ausgezeichnete High-School-

Schülerin am Tage, Nutte in Hollywood bei Nacht«) und die David-Lee-Roth-Imitatoren. Staunen Sie über die Tatsache, daß Hollywood die einzige Stadt ist, wo sich zumindest jeder *einbildet,* schnuckelig zu sein.

Ein Besuch bei »Frederick's of Hollywood« (6608 Hollywood Boulevard), diesem berühmten Kaufhaus für verkappte Nutten, ist ein Muß, gar nicht einmal so sehr wegen der Polyester-Imitationen seines ehemals bedeutenden Dessous-Sortiments, sondern damit Sie einen raschen Blick in den obskuren ›Prominentenraum‹ des Hauses werfen können. Da war er nun, am Ende der Treppe, mit einem schäbigen Stern an der Tür und einer verdrehten Schaufensterpuppe davor. »Welche Prominenten gehen denn da hinein?« fragte ich eine Verkäuferin mit einer derartig harten Ausstrahlung, daß ich hätte schwören können, sie ißt Nägel zum Frühstück. »Ach, Liz Taylor zum Beispiel«, antwortete sie mit unbewegtem Gesicht. »Natürlich«, dachte ich, und mir wurde klar, daß ich es hier mit einem Pinocchio auf Pfennigabsätzen zu tun hatte. »Darf ich ihn mir ansehen?« flehte ich. Nach einer Unmenge von Telefonaten mit verschiedenen Vorgesetzten hatte ich endlich eine griesgrämige Stimme am Apparat, die mir erklärte: »Es ist ein ganz normaler Raum.« Schließlich willigte eine leitende Angestellte, die ich nur als Dämchen bezeichnen kann, ein, mich hineinzuführen. »Welche Prominenten benutzen ihn denn?« fragte ich wieder. »Überhaupt keine, jedenfalls seitdem ich hier arbeite«, sagte sie und versuchte dabei, mir mit ihrem Körper die Sicht zu verstellen, weil ich nicht sehen sollte, wie sie das Schloß mit einer Kreditkarte knackte. Als ich endlich drin war, kam ich mir wie ein Idiot vor. Es war einfach nur ein nichtssagender Umkleideraum, der aussah, als wäre er seit Jahren nicht mehr benutzt worden. Ich bedankte mich bei ihr und trottete wieder hinaus auf den Hollywood Boulevard. Ich fühlte mich geringfügig glamouröser.

Da Liberaces Museum in Las Vegas ist, empfehle ich das Nächstbeste: einen Besuch im Russ-Meyer-Museum (3121 Arrow Head Drive; nur nach Vereinbarung). Wenn irgendein Regisseur verdient, in nächster Nähe des berühmten HOLLYWOOD-Schriftzugs zu leben, ist es dieser bedeutende *Auteur.* Russ wird verehrt für Filme wie *Mudhoney, Common Law Cabin* und *Vixen,* deren weibliche Stars die größten Brüste der Welt haben, und er arbeitet zur Zeit an *The Breast of Russ Meyer,* seinem 1,5 Millionen Dollar teuren, zehnstündigen Schwanengesang. Die Arbeit an dem Film dauert schon fünf Jahre, und zwei weitere stehen noch bevor. Es sei »ein autobiographischer Film«, erzählt Russ, »mit verdichteten Versionen aller meiner fünfundzwanzig Filme, mit drei Ex-Frauen, fünf engen Freundinnen, Kumpeln vom Militär und dem Zweiten Weltkrieg, dem wichtigsten Teil des Ganzen«. Ich finde, er sollte ihn umbenennen in *Berlin Alexandertitten.*

Sein Museum beherbergt eine der unglaublichsten Sammlungen von Filmmemorabilien, die ich je gesehen habe. Alle Wände hängen voll mit erstaunlichen Plakaten aller seiner Filme. Unzählige Bände von in Leder gebundenen Einklebealben bieten eine Chronik seiner dreißig Jahre währenden Karriere. Das sind praktisch die Vereinten Nationen des Busens. Aber am besten ist sein »Trophäenraum«. Dort werden Sie eine Ausstellung von Gedenktafeln finden, eine für jeden Film, auf denen der jeweilige Titel und die Mitarbeiter aufgeführt sind. Von jedem Dreh ist eine Requisite in die Tafeln eingearbeitet worden. Es gibt da Kitten Natividads Scheidendusche aus *Beneath the Valley of the Ultravixens,* eine Motorradsonnenbrille aus *Motor Psycho,* ja, sogar Tura Santanas berühmten schwarzen Lederhandschuh aus *Faster Pussycat: Kill! Kill!*

Wenn Sie Glück haben und ein fortgeschrittener Student der Meyerologie sind, besucht der Regisseur mit Ihnen vielleicht ›The Other Ball‹ (825 East Valley Boulevard, San Gabriel), einen »exotischen« Tanzclub, wo er dralle Schönheiten entdeckt hat und immer noch welche sucht. Da das Gewerbeaufsichtsamt offenbar die Alkoholkonzession gesperrt hat und einer der Besitzer gestorben ist, kommt in dem Club nicht mehr viel Freude auf, aber die Mädchen Marke Supervixen sind immer noch da, und – was ja auch schon etwas wert ist – sie sind splitterfasernackt. Als wir das Lokal verließen, schrie ein Kerl, der auf einem Motorrad vorbeifuhr: »Perverser!« Nun hat man mich schon des öfteren als Perversen bezeichnet, aber es ist doch erfrischend, zur Abwechslung beleidigt zu werden, weil man sich nackte Frauen anschaut.

Falls Sie weitergehendes Interesse haben an den »Brüsten von Russ Meyer«, statten Sie Maureen of Hollywood (1308 North Wilton Place) einen Besuch ab, der Kostümbildnerin vieler späterer Werke von Russ. Das Geschäft ist schwer zu finden – das Schaufenster ist eingebrochen, als »das Gebäude abgesackt ist« –, aber Maureen, eine liebe und bezaubernde Dame, ist noch da. Verschwunden ist allerdings ihr großes Schild mit der Aufschrift PROBLEM-BHS, welches nicht etwa für Unterbekleidung im Falle von Brustamputation warb, sondern sich an Frauen richtete, deren »Oberkörper im Vergleich zum Unterleib überproportional groß waren«. Oder, wie Russ es formuliert: »Sie arbeitet gern mit Titten. Sie stellt wirklich interessante Sachen her, aber eben nichts Geschmackvolles; sie macht ausschließlich in unverblümte, holzhammerartige ›exploitation‹. Sie ist eine der letzten des alten Hollywood.«

Wenn Sie Prominente suchen, ist Angelyne am einfachsten zu finden. Sie hat ihre Karriere angeleiert, indem sie in Hollywood (an der Ecke Hollywood Boulevard und Highland Avenue), New York und London riesige Reklamewände aufstellen ließ, auf denen einfach nur ein Bild von ihr und eine Telefonnummer abgebildet waren. Ich wählte aufgeregt und war begeistert, als beim ersten Mal niemand abnahm – das ist Hollywood-Gehabe in Höchstform. Angelyne sieht aus wie ein wildgewordenes Glamour-Girl aus den fünfziger Jahren. Sie fährt in einem grell-pinken Corvette durch die Stadt, trägt ein dazu passendes, offenherziges Outfit und bläst jedem, der zu ihr hinschaut, Küßchen zu. Fröhlich reagiert sie auf alle Kommentare von »Wir lieben dich, Angelyne« bis hin zu »Eh, setz dich auf mein Gesicht, Alte!«. Sie nimmt zwar eine Platte auf, ist zur Zeit aber wegen absolut gar nichts berühmt.

Angelyne hat wirklich alle notwendigen Eigenschaften, um ein Star zu werden, aber sie hat einen entscheidenden Fehler: Sie nimmt sich viel zu ernst. Jedesmal wenn sie nach ihrer Vergangenheit gefragt wird, beruft sie sich auf eine »Gedächtnislücke« und erklärt, ihre einzige Heldin sei »sie selbst«. Als ich sie fragte, ob sie sich mit der großartigen Jayne Mansfield identifiziert, äußerte sie blasphemisch: »Jayne ist in die vierte Dimension gegangen und hat mich kopiert, aber das hat sie ganz miserabel gemacht.« Als sie erklärte: »Ich kann mich rühmen, angezogen mehr Sex-Appeal zu haben als die meisten Mädchen ausgezogen«, fragte ich mich, *wer* wohl auf diese weibliche Frauenimitatorin fliegen würde. »Ich bin konkurrenzlos« und »ich bin sehr intelligent« waren noch einige ihrer bescheidenen Bemerkungen. Ja, Angelyne ist ein knospender Star und aus Hollywood nicht wegzudenken, aber jemand müßte ihr dringend einen neuen Text liefern.

Wenn man es sich recht überlegt, ist in L. A. natürlich *jeder* ein Star. Ich lungerte in meinem Wagen vor Charos Haus (1801 Lexington Road, Beverly Hills) herum und sichtete plötzlich Charos Installateur Leroy Bazzarone, der im Firmenlieferwagen (John K. Keefe, Inc., Installateurarbeiten und Haushaltsgeräte, 9221 West Olympia Boulevard) davonfuhr. Mir wurde klar, daß er auf seine ganz eigene Art interessanter war als Charo. Ich rief also in seiner Firma an und bat um ein Interview mit ihm, wurde aber hin- und hergeschaltet zwischen dem Inhaber (»Springt bei der Sache was raus?«) und dessen Sohn (»Wir haben *sehr* viel zu tun!«). Mir dämmerte, daß Beverly Hills die einzige Gemeinde der Welt ist, in der ein Installateur einen Presseagenten braucht. Nachdem ich tagelang herumtelefoniert hatte, kam ich zu dem Schluß, daß es viel schwieriger ist, Charos Installateur zu treffen als Charo *selbst.*

Lana Turners Friseur Eric Root (8804 Charleville Boulevard) war bedeutend kooperativer. Ich bin ein Fan von ihm, seitdem ich in *Daily Variety* den Bericht über das »selten köstliche Auftreten in der Hollywood-Öffentlichkeit« von Miss Turner anläßlich des Filmkunst-Banketts der National Film Society gelesen habe. Sie »lieferte einen dramatischen Auftritt am Arm ihres jungen blonden Friseurs«. »Ich glaube, daß sie eine echte Künstlerin ist«, erzählte er mir und erklärte, daß er und Miss Turner gemeinsam reisten, aber sie hätten »getrennte Schlafzimmer, danke sehr«. Einmal wöchentlich macht er ihr die Haare in dem Salon, den sie sich in ihrem Penthouse hat einrichten lassen. »Sie hat wunderschönes Haar«, sagte er. »Ich habe ihr soeben eine andere Frisur gemacht; ich habe sie etwas voller frisiert. Sie hat sie gern ganz kurz, exakt. Ich habe die Frisur aufgelockert für die ›Nacht der 1000 Stars‹, und sie ist so gut angekommen, daß wir sie eine Weile so lassen werden.« »Gibt es unter Friseuren auch Fehden?« fragte ich, weil ich wissen wollte, ob Schönheitspfleger versuchen, sich gegenseitig die prominenten Kunden auszuspannen. »Nein«, rümpfte er die Nase, »wenn wir zusammen ausgehen, treffen wir doch keine *Friseure.*«

Annette Funicellos Müllmann war viel schwerer zu fassen. Wenn Sie die ganze Mittwochnacht durchhalten – an dem Abend bringt sie nämlich ihren Müll nach draußen (16102 Sandy Lane, Encino) –, sehen Sie ihn vielleicht. Sein Boss lehnte huldvoll ab, mir irgendwelche Informationen zu geben, da er fälschlich annahm, ich wollte Annettes Mülleimer durchwühlen. Zitternd vor Angst stand ich vor ihrem Haus und hielt Ausschau nach dem bewaffneten Wachpersonal, mit welchem ein Schild auf ihrem Rasen droht, und dann wurde es mir zur traurigen Gewißheit, daß ich die Entsorgung und damit meine Chance, den mysteriösen Müllmann kennenzulernen, verpaßt hatte. Was soll's, vielleicht beim nächsten Trip.

Der Besuch von Prominentengräbern ist in Los Angeles ein allgemein anerkannter Zeitvertreib für Touristen, und deshalb wollte ich Francis, dem sprechenden Maultier, dem definitiven Filmstar, meine Aufwartung machen. Mr. Ed mag heutzutage ja der große nostalgische Knüller sein, aber am Anfang war Francis. Unglücklicherweise ist der Ort seiner letzten Ruhe in keinem Führer verzeichnet, und deshalb hatte die Suche nach Francis alle Merkmale einer Schnitzeljagd.

Die meisten Leute, die ich ansprach, lachten mir offen ins Gesicht. Selbst die Presseagenten bei Universal mußten passen. Auf dem Tierfriedhof des Tierschutzvereins von Los Angeles (5068 Old Scandia Lane) fand ich keine Spur (»Aber wir haben das Pferd von Hopalong Cassidy.«). Der »Pet Haven«-Friedhof mit Krematorium hatte die Gräber der Haustiere von Jerry Lewis und Ava Gardner zu bieten, aber mir wurde erklärt, »ein Maultier ist viel zu groß für einen Feuerbestattungsofen«. Ich wischte mir ein Tränchen ab und rief voller Verzweiflung und Unbehagen bei der California Rendering Company, »Aufkäufer von Fleischresten, Fett, Knochen« (4133 Bandini Boulevard), an. Ich war überglücklich, als ich dort erfuhr, daß Francis nicht in dieser Klebstofffabrik geendet war. Mit Hilfe der Buschtrommeln fand ich schließlich Donald O'Connor, Francis' Co-Star auf der Leinwand. »So wie ich die leitenden Herren bei Universal kenne«, sagte er, »haben sie ihn wahrscheinlich gegessen. Es gab nur einen Francis, aber er hatte ein Double und drei Stunt-Mulis. Er wurde in den Stallungen bei Universal gehalten, und ich habe gehört, daß er siebenundvierzig Jahre alt war, als er starb. Sagen Sie mir Bescheid, falls Sie Francis finden. Wir drehen noch einen Film zusammen.«

Mit Hilfe der Director's Guild fand ich Arthur Lubin, den großartigen Regisseur von Francis (und von Mr. Ed). Mir war bekannt, daß man ihn hatte schwören lassen, das Geheimnis, wie man Francis zum Sprechen gebracht hat, mit ins Grab zu nehmen, und ich ließ nicht durchblikken, daß Donald O'Connor eben alles ausgeplaudert hatte. (»Es hat Francis überhaupt nicht weh getan«, hatte Mr. O'Connor mir gesagt. »Es gab zwei Angelschnüre, die unter seinem Zaumzeug befestigt waren, eine, um ihn zum Sprechen zu bringen, die andere, um ihn verstummen zu lassen. Er hatte ein Stück Blei im Maul, und das versuchte er immer auszuspucken. So wurde er dazu gebracht, Mundbewegungen zu machen.«) Mr. Lubin gab zu, daß Mr. Ed der schlauere seiner Superstars war (»Sind wir doch ehrlich, Maulesel sind einfach dumm«), aber er nahm mir meine Angst, indem er mir mitteilte, daß die Humane Society Francis in einem schönen Zuhause untergebracht hatte, als es mit seiner Karriere zu Ende war (»Wir haben fünf Filme gemacht; den Produzenten war das genug.«). Francis starb auf einer netten Ranch irgendwo in Jerome, Arizona, ein würdevoller Star bis an sein Ende.

San Francisco mag ja als die Irren-Hauptstadt der Welt gelten, aber verdient L. A. diesen sehr begehrten Titel im Grunde nicht mehr? Denken Sie nur an die niederträchtigen Verbrechen und an die schillernden Bösewichter, die mitgeholfen haben, den aufregenden Ruf dieser Stadt zu schaffen. Unternehmen Sie einen geschichtsträchtigen Spaziergang entlang der Straße der Grausamkeiten, und besuchen Sie noch einmal einige der berüchtigsten Verbrechensschauplätze dieses Jahrhunderts.

Beginnen Sie Ihre Tagestour des Wahnsinns mit einer Fahrt zur Arena des letzten Kampfes von Patty Hearsts SLA (Symbionese Liberation Army) (1466 East Fifty-fourth Street) im Herzen von Watts. Die verkohlten Trümmer des Infernos, in dem die meisten jener Medien-Guerillas den Tod gefunden haben, sind verschwunden; geblieben ist ein gespenstisches, unbebautes Grundstück, welches der ideale Ruheort für die fehlgeleiteten Rebellen zu sein scheint. Die Nachbarn bezeichnen es als »Grabstein« und prophezeien, daß kein Mensch je dieses lokale Schlachtfeld bebauen wird. Auf der gegenüberliegenden Straßenseite im Haus Nr. 1447 wird Mr. Lafayette McAdory Ihnen seine Haustür zeigen, die immer noch von Einschußlöchern, Souvenirs der Schießerei, durchsiebt ist. Warum hat er sie nicht ausgewechselt? Sie sei »Geschichte«, erklärte er, während er sich aus seinem Nickerchen hochrappelte, das er auf einer Couch in seiner Garage hielt. Ein anderer Nachbar erzählte mir, daß er keine Touristen in der Gegend sehe. Die einzigen, die herumschnüffelten, seien Polizisten: »Die zeigen den Neulingen, wo's passiert ist.« Patty Hearst mag jetzt resozialisiert und Republikanerin sein, aber ich frage mich doch, ob sie nicht hin und wieder an diesen Ort zurückkehrt. Vielleicht fährt sie in tiefster Nacht daran vorbei, zitternd bei dem Gedanken an die Ereignisse, die sie zu einem geläufigen Begriff gemacht haben.

Steht Ihnen der Sinn nach einer Exkursion? Was halten Sie von einem Besuch auf der Spahn Ranch (1200 Santa Susana Pass Road, Chatsworth), dem Zuhause der Charles-Manson-Family, den berüchtigsten Schurken aller Zeiten? Nach Auskunft des neuen Besitzers ist nichts mehr übrig, »kein Fitzelchen«, aber der Besuch lohnt immer noch, wenn auch nur um zu meditieren. Und wenn sie Phantasie entwickeln und in die Berge hinaufschauen, können Sie sich immer noch ein Bild davon machen, wie sich diese geisteskranke Schweizer Familie Robinson versteckt, Pläne schmiedet und kurz davor steht, die Titelseite des *Life*-Magazins zu erobern. Unternehmen Sie diesen Ausflug jedoch bald, weil selbst das Gras nicht mehr viel länger da sein wird. Bulldozer ziehen schon ihre Kreise und werden in Kürze die letzten Spuren dieser »Höllenfeuer« ausmerzen. Und was kommt dann? Reihenhäuser? Spahn Acres? Was wird aus den Körperteilen des Rancharbeiters Shorty Shea werden, der angeblich zerlegt und dort begraben wurde? Werden gottesfürchtige Mittelklassefamilien einen Finger finden, wenn sie hinter ihrem neuen Eigenheim Gärten anlegen?

Auf der gegenüberliegenden Straßenseite wird ironischerweise gerade die Faith Evangelical Church gebaut, und in Kirchenkreisen ist man sich der Situation »sehr wohl bewußt«. »Es gab bei uns durchaus Leute, die behaupten, daß es da oben die Macht des Bösen gibt«, erklärte mir eine Sekretärin am Telefon. Selbst Gary Wiessner, der Verwaltungsdirektor der Kirche, sagt: »Der Teufel ist immer noch da oben. Ich habe seine Gegenwart dreimal gespürt: an der Grenze zwischen Äthiopien und Somalia, an der Grenze von Uganda und auf Spahn.«

Wenn Sie es richtig grausig wollen, spulen sie vor bis 1985 und gehen dem Fall von Unzucht mit Kindern an der McMartin-Schule nach. In L. A. ist er *das* Gesprächsthema. Die sieben Angeklagten, die aus drei Generationen stammen und in 115 Punkten des Kindesmißbrauchs und der vorsätzlichen Planung einer Straftat angeklagt sind, werden von der Öffentlichkeit noch mehr verabscheut als die Manson-Family in ihrer besten Zeit. Unparteiische Geschworene sind kaum vorstellbar. Die Schule selbst (931 Manhattan Beach Boulevard), die früher einmal hohes Ansehen genoß, steht jetzt da wie ein obszöner Schandfleck, nachdem Gemeindemitglieder sie verwüstet haben. Die Fenster sind eingeschlagen worden, und den Rasen hat man auf der Suche nach Beweisen aufgegraben. Graffiti – RAY WIRD STERBEN (der Angeklagte Raymond Buckey), RAY IST TOT – sind ein Hinweis auf die Neigung dieser Stadt zur Lynchjustiz. Der Anblick von Schaukelpferden, die wie Requisiten in den verlassenen Kulissen irgendeines Horrorstreifens im Wind wippen, verleiht der ganzen Szenerie etwas besonders Makaberes.

Die Voruntersuchung (Richter Aviva K. Bobbs Kammer, Municipal Court, Los Angeles Traffic Court, 1945 South Hill Street) wird aller Voraussicht nach zwei Jahre dauern, und man kann ganz leicht einen Sitzplatz bekommen. Die Angeklagten in der Sache McMartin müssen jeden Tag anwesend sein, und sie sehen gar nicht aus wie die zeitgenössischen Frankenstein-Monster, als die der Staatsanwalt sie dem Publikum präsentieren möchte. Da ich ein aufgeschlossener Mensch bin, habe ich mit ihnen zu Mittag gegessen. Ich habe keine Ahnung, ob sie schuldig sind oder nicht, aber sie stellen ihre Unschuld *wirklich* überzeugend dar. Selbst Virginia McMartin, die siebenunddreißigjährige Matriarchin des Clans, hatte ein oder zwei liebe Worte auf Lager. Wenn man ihnen nicht gerade ein Kreuz entgegenhält und kreischt, sind sie zumindest freundlich. Ist ein Mittagessen mit den McMartin-Angeklagten letzten Endes nicht »umwerfender« als, sagen wir, ein Mittagessen mit Joan Collins?

Da ich wissen wollte, wie sich die Angeklagten wohl fühlten, nachdem man sie gegen Kaution in ihre jeweiligen Gemeinden entlassen hatte, beschloß ich, ein paar Recherchen anzustellen. Ganz allein besuchte ich eine Nachmittagsvorstellung des *Glücksbärchi-Films.* Die Kartenverkäuferin warf mir einen eigenartigen Blick zu, vielleicht wegen meiner Sonnenbrille. Die Platzanweiserin riß meine Karte ab und kläffte: »Das hier ist ein Kinderfilm, also, wissen Sie!« Das Kino war voll von geplagten Müttern und ihren Kindern, von denen viele Kohlkopf-Puppen in den Händen hielten. Ich war der einzige erwachsene Mann ohne jede Begleitung, und die Leute rückten tatsächlich von mir ab. Ich wagte es nicht, Blickkontakt herzustellen. Ich hielt es nur etwa zwanzig Minuten aus, und dann eilte ich voller Angst aus dem Kino und verstand etwas besser, wie Mrs. McMartin und ihre Busenfreunde sich jedesmal fühlen müssen, wenn sie das Haus verlassen.

Wenn Ihr Urlaub sich dem Ende nähert, gibt es ein paar Sehenswürdigkeiten, die Sie im letzten Moment vielleicht noch mitnehmen möchten. Versuchen Sie es doch mit einem Abstecher nach Venice Beach – der einzigen Ecke in ganz Los Angeles, die mich an die Ostküste erinnert. Begeben Sie sich direkt zum Muscle Beach (Ocean Front Walk zwischen Eighteenth und Nineteenth Avenue). Schenken Sie jedoch den Angebern von Muskelprotzen, die sich in einer winzigen, von vier Reihen von zersplissenen Zuschauerbänken umgebenen Zementarena zur Schau stellen, keinerlei Beachtung. Konzentrieren Sie sich statt dessen auf ihr Publikum, und erleben Sie eine neue Art von Voyeurismus. Wenn Sie einen anderen Voyeur beobachten, der seinerseits gierig einen Exhibitionisten beäugelt, haben Sie einen Kitzel, den Sie zu Hause wahrscheinlich nicht erfahren werden.

Immer noch heiß auf perverse Reize? Downtown gibt es eine Bar, deren Name anonym bleiben muß, aber wenn wahr ist, was ich gehört habe, ist sie schwer *au courant.* Salvadorianische Transsexuelle sind dort die Hauptattraktion, und ganz im Geiste von Lyndon B. Johnson, der auf seine Narbe zu verweisen pflegte, zeigen diese »Mädchen« Ihnen für 5 Dollar ihre »Eingriffe«.

Als ich endlich das Flugzeug bestieg, um nach Baltimore zurückzukehren, hatte ich vom Zauber von L. A. ein solches Hochgefühl, daß ich schier platzen wollte. Ich ignorierte den giftigen Blick der Stewardess und suchte mir ein Gepäckfach für meinen »Hexenbesen« (eine tote Palme), den ich auf der Spahn Ranch gefunden hatte. »Das muß man einfach gesehen haben«, witzelte ich gegenüber einem Mitreisenden, der mich über mein Souvenir ausquetschte. Während des Starts hatte ich ein Gefühl, als würde ich wahnsinnig werden vor heller Freude über meinen gelungenen Urlaub. Ich wollte unter allen Umständen vermeiden, daß jemand meine Seifenblase zum Platzen bringen würde, indem er ein Gespräch mit mir anzettelte. Also fing ich sofort an, *Lesbian Nuns* zu lesen, und das Problem war aus der Welt. Kein Mensch riskierte Small talk. Ich verlebte sechs wonnevolle, besinnliche Stunden, in denen ich mich an den himmlischen Zustand erinnerte, Tourist in L. A. zu sein. Eigentlich hätte ich das Flugzeug entführen und umkehren sollen.

Die selige Zeit der Effekthascherei

Liberace hatte ein Wort dafür. *Variety* auch. Das Wort lautete »Effekthascherei« – in letzter Zeit scheint dieser Begriff aber verschwunden zu sein aus dem Wortschatz der Hollywood-Mogule. Wenn heutzutage schon so viele schlechte Filme auf dem Markt sind, könnten dann nicht wenigstens die Werbekampagnen Spaß machen? Was ist denn geworden aus den lächerlichen, aber innovativen Marketingtechniken von ehedem, die dem Publikum das Gefühl unterjubelten, sich zu amüsieren, selbst wenn der Film eine Niete war? Hat das die Zuschauer gestört? Verdammt noch mal, nein. Den Film haben sie vielleicht gehaßt, aber den Gimmick haben sie abgöttisch geliebt, und etwas anderes ist ihnen letzten Endes sowieso nicht in Erinnerung geblieben.

Wer wird denn nun in die Fußstapfen großartiger Beutelschneider wie Samuel Z. Arkoff und Joseph E. Levine treten, die seinerzeit mit greller Finesse für Filme geworben haben? Warum vergeuden die Produzenten heute unsäglich viele Millionen für großzügige Promotionstrips, landesweite Fernsehwerbung und gigantische Zeitungsanzeigen, wenn sie doch leicht die köstliche und wirkungsvolle Idee haben könnten, bei Horrorfilmen Kotzbeutel zu verteilen? Oder was ist mit den unübersehbaren und saubilligen Mätzchen, mit denen die Produzenten eines kuriosen Hinterwäldlerstreifens aus dem Jahre 1977 mit dem Titel *The Worm Eaters* aufgewartet haben? Sie hatten erkannt, daß der Kampf um die Aufmerksamkeit der Filmeinkäufer auf dem Film-Festival von Cannes in diesem Jahr verbissen sein würde, und deshalb aßen diese Tamtam-Experten vergnügt aus einem Eimer lebende Würmer, während die verdutzten Verleiher reihenweise in ihre Vorführung marschierten.

Wir können sogar weit in die Geschichte zurückgehen, zu *Mom and Dad,* einem langweiligen Pseudoaufklärungsfilm aus den vierziger Jahren, für den Kroger Babb, der Ururgroßvater des »exploitation film«, brillant die Werbetrommel gerührt hat. Da in dem Film Aufnahmen von einer authentischen Kindsgeburt vorkamen, erkannte Mr. Babb seine Chance, ganz legal in aller Breite eine nackte Frau zu zeigen. Ob er wohl geglaubt hat, daß das voyeuristische Publikum das Baby einfach ignorieren und lediglich die Anatomie fixieren würde? Babb mietete in jeder Stadt für ein paar flotte Vorstellungen einen Raum an und sahnte noch ein wenig Kleingeld zusätzlich ab, indem er vor Vorstellungsbeginn eine falsche Krankenschwester in den Gängen Aufklärungsschriften verhökern ließ. Das Publikum trennte er nach Geschlecht – Frauen nur nachmittags und Männer nur abends – und sorgte so für weitere Aufregung. Der wohl barbarischste Publicitytrick der Filmgeschichte sah so aus, daß Babb mit der Vorführung des Films begann und die Belüftungsanlage ausschaltete. Während den Zuschauern immer unbehaglicher zumute wurde, ließ er durch die Belüftungsschlitze ein gesundheitsschädliches Gas strömen und wartete ab, bis die erste Person in Ohnmacht fiel. Mr. Babb rief dann schnurstracks einen Krankenwagen und in einem Aufwasch die Lokalpresse. Dann eilte er aus dem Theater und beobachtete selbstgefällig die eifrig fotografierte »Rettung eines unter Schock stehenden Kinobesuchers«, wissend, daß die Nachricht am nächsten Tag auf den Titelseiten stehen würde.

Der größte Effekthascher unserer Zeit war zweifellos William Castle. William Castle, der König des Gimmicks, war mein Idol. Seine Filme haben in mir den Wunsch geweckt, selbst Filme zu machen. Ich bin regelrecht neidisch auf seine Arbeit. Ja, ich wünschte, ich *wäre* William Castle.

Was ist nur los mit den Freunden des guten Films heutzutage? Wie konnten sie sich bisher nur so schwertun damit, diesem beispiellos exzentrischen Regisseur und Produzenten zur Kultfigur zu machen? Ist es denn nicht an der Zeit für eine Retrospektive? Für eine Dokumentation über sein Leben? Für eine hochtrabende, geschwätzige Abhandlung in *Cahiers du Cinéma*? Wird es nicht langsam Zeit für eine Neuausgabe seiner wundervollen Autobiographie *Step Right Up! I'm Gonna Scare the Pants Off America*? Vergessen Sie Ed Wood. Vergessen Sie George Romero. William Castle war der Beste. William Castle war Gott.

Der Film, mit dem Mr. Castle sich das erste Mal Geltung verschaffte, hieß *Macabre* (1958). Nun, der Film selbst nicht gerade, aber der Gimmick. *Macabre* war von *Diabolique* abgekupfert und wurde in nur neun Tagen mit einem Etat von 90 000 Dollar gedreht. Castle, der merkte, daß mit dem fertigen Produkt kein Staat zu machen war, hatte einen Einfall, dessen Erfolg seine kühnsten Träume übertraf. Er schloß bei Lloyd's of

London eine Versicherung ab, die alle Kartenkäufer mit 1000 Dollar versicherte, falls sie vor Entsetzen starben. Nachgemachte Versicherungspolicen tauchten in allen Zeitungsanzeigen auf. Gigantische Reproduktionen der echten Police hingen über den Kinomarkisen. Vor den Filmtheatern parkten Leichenwagen, und falsche Krankenschwestern in Uniform wurden dafür bezahlt, in den Foyers herumzustehen.

Das Publikum sprang voll darauf an. Kein Mensch sprach über den Film, aber alle waren begierig zu sehen, ob irgendein Volltrottel tot umfallen und kassieren würde. Natürlich starb niemand. Aber wenn es doch passiert wäre, wäre es um so besser gewesen. Ein wie auch immer gearteter Todesfall hätte Lloyd's jämmerliche 1000 Dollar gekostet, und man stelle sich nur vor, welchen Wirbel *das* zur Folge gehabt hätte.

Mr. Castle selbst ließ sich von der Promotion so mitreißen, daß er zu einigen Premieren in einem Leichenwagen erschien und auftrat, indem er aus einem Sarg heraussprang. War das nicht der Gipfel des Auteurtums? Wäre Jean-Luc Godard je so weit gegangen? Wäre er in einem Unfallwagen vorgefahren, um für *Weekend* zu werben? Wäre Sergej Eisenstein in einem Schlachtschiff gekommen? Ich glaube nicht. Wie ich diesen Sergej Eisenstein hasse.

William Castle war kein Faulpelz. Er gab sich nicht damit zufrieden, sich auf seinen Lorbeeren auszuruhen, sondern er ließ seinen fieberhaft tickenden kleinen Verstand arbeiten, um noch mehr von dem zu liefern, was die Studios wollten – mehr Gimmicks und höhere Gewinne. Sein nächstes Projekt war *House on Haunted Hill* (1959), ein pfiffiger kleiner Horrorfilm, der Vincent Price, den ersten echten Star des Regisseurs und Produzenten, zu bieten hatte. Aber selbst Price wurde in den Hintergrund gedrängt von Castles neuem Gimmick »Emergo«. In jedem Filmtheater wurde direkt neben der Leinwand eine große schwarze Kiste installiert. An einer bestimmten Stelle im Verlauf des Films flogen die Klappen der Kiste plötzlich auf, und ein drei Meter fünfzig großes leuchtendes Plastikskelett schwirrte an einem Draht über das Publikum hinweg zum Vorführraum. Die leitenden Herren des Studios waren anfangs skeptisch, nachdem in der inoffiziellen Testvorführung die Technik versagte und das Skelett vom Draht sprang, was das *wahrhaft* entsetzte Publikum schleunigst in Deckung gehen ließ.

Nach weiteren Tests war Emergo perfekt und in Theatern im ganzen Lande installiert. Die Jugendlichen drehten durch. Sie kreischten. Sie legten schützend die Arme um ihre Freundinnen. Sie warfen Popcorn-Schachteln nach dem Skelett. Am wichtigsten aber war, daß sie ihr Taschengeld ausgaben und den Film zu einem Riesenerfolg machten. War das nicht der erste Film, der die Einbeziehung des Publikums in geradezu absurdem Maße praktiziert hat? Mir schien das auf jeden Fall mehr Spaß zu machen, als sich à la Brad und Janet anzuziehen und in *The Rocky Horror Picture Show* Reis auf die Leinwand zu werfen.

Als nächstes kam *The Tingler* (1959), unbestreitbar William Castles Meisterwerk. Ein weiterer Horrorfilm, in dem wieder einmal auf höchsten Wunsch Vincent Price auftrat. Aber dieses Mal hatte das Script einen Knalleffekt. Ein Tingler war ein Organismus, der in der Wirbelsäule jedes Menschen lebte. Diese Kreuzung aus Hummer und Krabbe erwachte nur zum Leben, wenn ein Mensch sich fürchtete. Töten konnte man den kleinen Mistkerl nur durch Schreien. Im Film bricht der Tingler in einem Filmtheater aus und tötet den Vorführer. Während der Vorführung des Films wurde an diesem Punkt die Leinwand im Kino weiß, und eine Stimme verkündete: »Achtung! In diesem Theater ist der Tingler los. Bitte schreien Sie um Ihr Leben.« Natürlich schrillte das Publikum sich als Reaktion die Lunge aus dem Leib, aber das reichte dem Meister des Gimmicks nicht. Er brachte »Percepto«, »den neuesten und aufsehenerregendsten Leinwandgimmick«. Ähnlich einem Händedruck-Vibrator bestand Percepto einfach nur aus kleinen Motoren, die unter den Kinosesseln installiert waren und vom Filmvorführer genau dann aktiviert wurden, wenn das Publikum raste. Wenn den Kinobesuchern die Ärsche in Schwingung versetzt wurden, brach im Theater die Hölle los. In seiner Autobiographie schätzte Castle, daß er mehr als zwanzig Millionen amerikanische Ärsche elektrisiert hat.

Natürlich gab es Ärger. In Philadelphia war ein bulliger Lkw-Kutscher so erzürnt, daß er den ganzen Sessel aus der Verankerung riß und von fünf Platzanweisern gebändigt werden mußte. In einer anderen Stadt installierte die Geschäftsführung am Abend, bevor der Film anlaufen sollte, gehorsam die Percepto-Anlage. An diesem Abend nun beschloß der Witzbold von Vorführer, die Poposchocker bei einer Gruppe älterer Frauen auszuprobieren, die sich am letzten Abend der Laufzeit *The Nun's Story* zu Gemüte führten. Ich bin sicher, daß Audrey Hepburn weder vor noch nach dieser »elektrisierenden« Vorführung je eine so stimmgewaltige Reaktion bekommen hat.

Wenn ich zurückschaue, ist *The Tingler* der Film meiner Jugend, dessen ich mich mit den innigsten Gefühlen erinnere. Ich habe ihn mir jeden Tag angeschaut. Da nur noch etwa zehn wahllos verteilte Sitze elektrifiziert waren, als der Film endlich in meiner Gegend lief, rannte ich immer durch das Kino und suchte die magischen Schocker. Wenn ich dasaß und das Wunderwerk Percepto erlebte, wurde mir klar, daß so etwas wie Filmkunst durchaus möglich war.

Ich brauchte nicht lange auf den Nachfolger zu warten. *13 Ghosts* (1960), Castles nächster Film, konnte mit »Illusion-O« dienen. Jeder Zuschauer bekam ein »Geistersichtgerät« ausgehändigt, eine fragwürdige Version der 3-D-Brillen. Wenn man durch den roten Plastikteil schaute, konnte man die Geister sehen; wenn man durch den blauen schaute, konnte man sie nicht sehen. Das Publikum schien verblüfft über diesen wenig perfekten technischen Durchbruch, nahm den Gimmick aber doch an.

(Das Thalia-Kino in New York war kürzlich so tapfer, den Film wieder aufzuführen – noch dazu zusammen mit Arthur Knights *The Wild, Wild World of Jayne Mansfield* in einem Doppelprogramm. Stellen Sie sich nur meine Überraschung vor, als ich das Kino betrat und mir ein Stück rotes Plastik gereicht wurde – die vom Thalia selbst gefertigte, behelfsmäßige Ausgabe der lange vergriffenen Illusion-O-Brille. Rasend vor Aufregung nahm ich Platz und zitterte, als ich darüber nachdachte, wie kreativ die Leitung eines Kinos doch sein kann. Ich sah, daß ein paar mürrische Filmpuristen das Geistersichtgerät ablehnten, aber sie sanktionierten den Film trotzdem, weil *13 Ghosts* auch ohne jede Brille noch einzigartig ist – wunderschön surreal, fast schon künstlerisch ambitioniert.)

William Castle wollte *Psycho,* Alfed Hitchcocks sensationellen Erfolg aus dem Jahre 1960, übertreffen und ließ deshalb *Homicidal* (1961), seinen eigenen Schocker über einen Transvestiten, vom Stapel. Obwohl einige Kritiker zeterten, es handele sich um ein filmisches Plagiat, übersahen sie bequemerweise die Tatsache, daß Hitchcock Castle beklaut hatte und nicht umgekehrt. Die Duschszene in *Psycho* kann man vergessen. Anfänglich wurden die Massen von diesem »Klassiker« doch nur angezogen aufgrund des bravourös durchgehaltenen Gimmicks: Nach Vorstellungsbeginn wurde niemand mehr ins Kino gelassen.

Castle muß angesichts dieser Konkurrenz panische Angst bekommen haben, weil er mit einer derartig lächerlichen und bizarren Werbekampagne für *Homicidal* konterte, daß viele in der Branche dachten, er hätte nicht mehr alle Tassen im Schrank.

Homicidal kann für sich die zweifelhafte Ehre in Anspruch nehmen, als erster Film in der Geschichte der Filmkunst die »Panikpause« eingesetzt zu haben. Zwei Minuten vor Ende des Films wurde die Leinwand wieder einmal öde und leer, und die Stimme von Castle persönlich verkündete: »Jetzt kommt die Panikpause. Hören Sie dieses Geräusch? Das Geräusch eines schlagenden Herzens? Es wird jetzt noch fünfundsechzig Sekunden schlagen und jedem, der sich vor dem Schluß des Films zu sehr fürchtet, Gelegenheit geben, das Theater zu verlassen. *Sie bekommen Ihr Eintrittsgeld in voller Höhe zurückerstattet!*« Natürlich begegneten die Verleiher dieser Werbestrategie mit Argwohn, weil sie die goldene Regel des »exploitation film« verletzte: Man darf *niemals* die Rückerstattung des Geldes garantieren.

Als die Panikpause zum ersten Mal getestet wurde, trampelte das Publikum wie eine wildgewordene Herde zur Kasse, und Mr. Castle erlitt fast einen Zusammenbruch. Aber bald hatte er das Problem gelöst – die Zuschauer waren begeistert von dem Film, aber der Gimmick verursachte eine derartige Mundpropaganda, daß sie meinten, zuletzt lachen zu können. Sie blieben einfach, schauten sich den Film ein zweites Mal an und versuchten dann abzukassieren. Mr. Castle jedoch war kein Dummkopf. Er begann, für jede Vorführung verschiedenfarbige Eintrittskarten auszugeben. Und es funktionierte. Jetzt wollte etwa noch ein Prozent das Geld zurück. Und Castle schien dieses eine Prozent als seine größte Herausforderung zu sehen: Er ergriff unerhörte Maßnahmen, um den tollkühnen Kinobesucher zu demütigen, der die Unverschämtheit hatte, sein Geld zurückzuverlangen.

William Castle sprang einfach der Draht aus der Mütze. Er brachte die »Memmenecke«, eine Bude aus gelber Pappe, die im Foyer stand und mit einem verwirrten Kinoangestellten besetzt war. Wenn die Panikpause angekündigt wurde und man meinte, das Grauen nicht mehr auszuhalten, mußte man seinen Platz verlassen und vor dem ganzen Publikum in gelbes Licht getaucht gelben Fußspuren den Gang hinauffolgen. Bevor man die Memmenecke erreichte, überquerte man gelbe Linien, auf denen die mit Schablone gemalte Aufforderung: »Memmen, hier weitergehen!« geschrieben stand. Man ging vorbei an einer Krankenschwester (in einer gelben Tracht? . . . ich überlege), die einem einen Blutdrucktest anbot. Die ganze Zeit über plärrte ein Tonband: »Schauen Sie sich den Angsthasen an! Sehen Sie, wie er in der Memmenecke bibbert!« Unter dem Gejohle des Publikums mußte man noch eine letzte Schmach über sich ergehen lassen – an der Memmenecke wurde man gezwungen, eine gelbe Karte mit der Aufschrift »Ich bin eine echte Memme« zu unterschreiben. Nur sehr, sehr wenige waren so masochistisch, das zu ertragen. Das eine Prozent verläpperte sich bis zu null Prozent, und ich bin sicher, daß in vielen Städten ein Prügelknabe gekauft werden mußte, um sich dieser Tortur zu unterziehen. Es ist kein Wunder, daß sich die Kinobesitzer scheuten, einen Film von William Castle ins Programm zu nehmen. Das Ganze war einfach verdammt noch mal viel zu kompliziert.

Mr. Castles Karriere als Gimmickmacher hatte zu diesem Zeitpunkt möglicherweise ihren Zenit erreicht, aber er blieb am Ball. Um sein nächstes Opus *Mr. Sardonicus* (1961) an den Mann zu bringen, setzte er die »Strafkammer« ein, seinen vielleicht schwächsten Gimmick. Beim Betreten des Filmtheaters bekam man eine fluoreszierende Karte, die einer Spielkarte glich und Zeichen für »Daumen hoch« und »Daumen runter« hatte. Wie die Zuschauer im Kolosseum von Rom durfte das Publikum über das Schicksal des Schurken entscheiden. Ein (vermutlich) gedemütigter Platzanweiser führte die Befragung durch, die Zuschauer gaben durch Heben der Karte das Urteil »Begnadigung« oder »Bestrafung« ab, und die Stimmen wurden gezählt. Castle, dem gar nicht klar gewesen war, wie blutrünstig das Publikum tatsächlich sein konnte, hatte unnötigerweise für alle Fälle jede Kopie mit zwei Enden versehen. Leider haben die Zuschauer kein *einziges* Mal Gnade gewährt, und deshalb ist dieser spezielle Teil des Films noch *nie* gezeigt worden. Was soll denn der ganze Wirbel zur Zeit um die »verlorene« halbe Stunde von *A Star Is Born*? Was ist denn mit den verschwundenen Meter von *Mr. Sardonicus*? Kann man denn nicht die Lagergewölbe durchsuchen? Ist Radio City Music Hall nicht zugänglich? Kann man nicht irgend etwas unternehmen, um diese wichtige Fußnote der Filmgeschichte zu retten?

Nach *Mr. Sardonicus* schien Castle unter dem Zuviel-des-Guten-Syndrom zu leiden. Die Kritiker verrissen seine Arbeiten mit der Behauptung, er sei unfähig, ohne Gimmick einen Erfolg zu landen. Er versuchte es noch einmal mit *13 Frightened Girls* (1963), aber ihm fiel nur eine Talentjagd in dreizehn Ländern nach dem jeweils hübschesten Mädchen ein, welches, so man es besetzte, 300 Dollar, kostenlose Unterbringung im Hotel und eine neue »erstklassige« Garderobe bekäme.

Auch die Zuschauer wurden seiner überspannten Methode, Filme zu machen, müde. Und die Geldleute fingen an zu knausern. Sie stellten ihm ein letztes Ultimatum: *Keine Gimmicks mehr!* Castle narrte seine Kritiker, als er sich bei seinem neuen Film *Straight Jacket* (1964) scheinbar ihren Forderungen fügte, tatsächlich jedoch den größten Gimmick überhaupt benutzte – Joan Crawford. Schlau erkannte er, daß alle Filmstars an sich nur hochbezahlte Köder sind und schickte Miss Crawford zur Promotion in die Filmtheater. Joan war so hingerissen von ihrem Auftritt als lebendiger, persönlich anwesender Gimmick, daß sie einmal das ganze Publikum dazu einlud, zusammen mit ihr im Restaurant gleich neben dem Kino Hamburger essen zu gehen. Sie verursachte einen Tumult und sicherte Berichte auf den Titelseiten. Aber Mr. Castle zeigte doch Unsicherheiten. In letzter Minute bekam er panische Angst und bestellte Tausende blutiger Äxte aus Pappe, die gratis an seine Fans verteilt wurden.

Eine große Karriere schleppte sich ihrem Ende entgegen. Die Zeit der Gimmicks schien vorbei zu sein. Seinen letzten Versuch mit einem Horrorgimmick machte er bei *I Saw What You Did* (1965), in dem wieder Joan Crawford die Hauptrolle spielte. (Castle hat wohl noch Filme produziert wie *Rosemary's Baby* und *Bug*, aber sie sind für diese Erörterung nicht von Belang.) Der Plot dreht sich um jugendliche Faxenmacher, die wahllos Fremde anrufen und stöhnen: »Ich habe gesehen, was Sie gemacht haben.« Zufällig geraten sie dabei an einen echten Mörder, der dann versucht, sie zur Strecke zu bringen. Zunächst unterstützte die Telefongesellschaft Castles Werbekampagne, indem sie ihm gestattete, große Plastiktelefone über der Kinomarkise aufzuhängen. Aber als die Teenager anfingen, das Drehbuch in der Wirklichkeit nachzuspielen, und es bei der Telefongesellschaft Beschwerden hagelte, kehrte man die gewohnte humorfeindliche Firmenpolitik heraus und verbot Castle, in den Anzeigen Telefone auch nur zu erwähnten. Unverzagt brachte er einen hastig ausgebrüteten Gimmick, und zwar seinen letzten und – rührenderweise – kläglichsten. Die letzten drei Reihen in jedem Kino wurden in einen speziellen »Schock-Sektor« umgewandelt. Treue, langjährige Fans waren enttäuscht, als sie merkten, daß man lediglich die Sessel mit Sicherheitsgurten versehen hatte, um zu verhindern, daß man vor Entsetzen herausgeschleudert wurde. Ruhe in Frieden, William Castle. Das hat du dir wirklich verdient.

Diese prachtvolle Karriere wirft einige sachdienliche Fragen für die Gegenwart auf. Was ist aus der Effekthascherei geworden? Ist sie vollkommen tot? Wie können wir die Menschen weglocken von den entsetzlichen Videorecordern, die ihre Beliebtheit nur einer einzigen Tatsache verdanken, daß nämlich die meisten von uns nicht den Nerv haben, im Kino zu onanieren? Natürlich haben einige Kinobesitzer durchaus für etwas Aufregung gesorgt, aber in der Regel nur durch Zufall. Man denke an die Autokinos, die ganz routinemäßig Verkehrsunfälle verursachen, wenn dort in Sichtweite des rasenden, pulsierenden Autoverkehrs Hardcore-Pornos gezeigt werden. Oder an die Non-Stop-Kinos (wo das Schlangestehen an der Kasse immer grausiger ist als der Film selbst), die dem Begriff »Horrorfilm« neue Bedeutung verschafft haben, da man riesigen Ratten gestattet, darin herumzubummeln.

Die großen Studios sind bestimmt auch keine große Hilfe gewesen.

Denken Sie nur an den lästigen Dolby Sound, bei dem fälschlich von der Annahme ausgegangen wird, daß alle Kinobesucher Tontechniker werden möchten. Oder das unangenehme 3-D, das Andy Warhol und Paul Morrissey für ihren *Frankenstein* so brillant wiederbelebt und ausgebeutet haben und welches dann in Grund und Boden geknüppelt wurde von ernsthafteren Versuchen, diesen ausgelaugten Gimmick zu »perfektionieren«. Erinnern Sie sich an *The Stewardesses*? Da platzten riesige Brüste aus der Leinwand. Oder *Heavy Equipment*? Ein Schwulenporno, in dem sich, nun, sozusagen das Leben selbst in den Schoß des Publikums ergoß.

Die ganze Filmindustrie sollte kollektiv nachdenken und erkennen, daß selbst bei der heutigen Methode, Filme mit Hilfe von Computerberechnungen zu machen, immer noch Raum für ausgefallene Effekthascherei ist. Man sollte aufhören herumzuspielen und statt dessen alles auf eine Karte setzen. Es gibt unendlich viele Möglichkeiten. An jeder neuen, sündhaft teuren Niete aus Hollywood könnten die Filmtheater verdienen, wenn sie die Zuschauer gratis einlassen und dann zur Kasse bitten, damit sie wieder *hinaus* dürfen. So könnte man *Inchon* immer wieder zeigen und ein Vermögen verdienen. Wenn sich Ihr von Ihnen aufdringlich gerühmtes internationales Epos als langweilig herausstellt, könnten Sie doch einfach Kopien des Vertrags verteilen, mit dem das Ding finanziert wurde. Bedenken Sie nur, wieviel Gähnen erstickt wird, wenn das Publikum kapiert, wie das viele schöne Geld tatsächlich vergeudet wurde.

Versuchen Sie es mit Varianten der Doppelgänger-Wettbewerbe, aber anstatt das Publikum einzuschüchtern durch den Zwang, so einzigartige Klassiker wie Marilyn Monroe oder James Dean zu imitieren, nehmen Sie eine wenig bemerkenswerte Figur wie Jill Clayburgh als Vorgabe und lassen alle gewinnen. Setzen Sie auf Unterstützung durch die Allgemeinheit. Lassen Sie von Mütter-Gegen-Alkoholisierte-Autofahrer ein Car-Crash-Festival sponsern – *Death Race 2000, Eat My Dust* und so weiter.

Alle möglichen Filme könnten profitieren. Die Produzenten von *Porky's* und anderen Streifen tun zwar so, als wären ihre Filme nicht für verkommene, schweinische, zwölfjährige Lustmolche gemacht, aber warum sind sie nicht einfach ehrlich und sponsern Wichswettbewerbe für Truppen von Wölflingen, deren Sieger ein Callgirl für eine Nacht bekommt? Wenn Sie bürgernah sein und Reklame machen wollen für Ihre neugebauten Rampen für Rollstuhlfahrer, zeigen Sie *The Crippled Masters*, einen grundehrlichen Karatefilm mit zwei Helden – einer hat keine Beine, der andere keine Arme. Sie werden immer zusammengeschlagen, bis der eine auf die Schultern des anderen springt und sie zusammen zu einer tödlichen Kampfmaschine werden.

Falls *Ciao! Manhattan,* der biographische Film über Edie Sedgwick, mit wenig Erfolg anläuft, läßt man die wichtigste Schwulenmama jeder Stadt im Kino eine Überdosis vortäuschen. Anschließend könnten die Hamburgerrestaurants des Ortes Diskussionszirkel sponsern, in denen über die Tragik des Falles gesprochen wird.

Selbst intellektuell hochgestochene, von der Kritik gelobte Oscar-Preisträger könnten ihre Gewinne steigern. Zerren Sie begeisterte Zuschauer aus dem Publikum von *Reds* vor nachgemachte Senatsanhörungen im Foyer. Für *Gandhi* schließen Sie den Erfrischungsstand und bringen den Kinobesuchern den Geist des Films nah, indem sie sie verhungern lassen.

Was ist denn nur los, Hollywood? Willst du einfach da sitzen und den Kopf in den Sand stecken? Das Kinoerlebnis langweilt die Leute langsam! Kannst du dir nicht irgend etwas einfallen lassen? Oder werden wirklich alle einfach zu Hause mit ihren Videogeräten herumsitzen? William Castle, wo bist du, da wir dich dringend brauchen?

Hinrichtung
(101 Dinge, die ich hasse)

Ich stehe mit dem linken Fuß zuerst auf und rauche meine letzten drei Zigaretten. Ich weiß genau, daß der Tag miserabel wird. Meine Haare tun mir weh. Die widerliche Stimme des Disc-Jockeys auf FM (1) ist mir unterbewußt sowieso schon auf die Nerven gegangen. Ich schlage auf den Radiowecker ein, und mir wird klar, daß die Luft, die ich einatme, nicht gut genug ist. Ich habe endgültig den Kanal voll davon, immer nett, verständnisvoll, fair und voller Hoffnung zu sein. Ich habe Lust, den ganzen Tag lang negativ zu sein. Ich bin so geladen, daß ich die *Queen Elizabeth 2* versenken könnte. Ich habe jetzt eine Verhaltensstörung und möchte niemandem raten, mir in die Quere zu kommen. Bevor ich dusche, trete ich die Möbel. Ich habe eine saumäßige Laune, und die ganze blöde kleine Welt wird dafür büßen!

Ich werde nicht einmal mein Bett machen. Die letzte ekelhafte, atmungsfeindliche Garnitur Polyesterbettwäsche (2), die ich noch besitze, fliegt in den Müll. Begeistert zerstöre ich die Ozonschicht, indem ich mich mit meinem Lieblingsdeodorant einsprühe, und ich lache höhnisch über die Dummköpfe, die diese ekelerregenden Deo-Roller (3) benutzen, an denen bei früherer Benutzung ausgefallene Unterarmhaare festkleben, um einen daran zu erinnern, wie unvollkommen der menschliche Körper tatsächlich ist. Ich hole die Zeitung herein, in der Hoffnung, das Ekel zu erwischen, das sie mir manchmal klaut (4), wenn ich verschlafe. Ich werfe sie aber angewidert auf den Boden, als ich Farbfotos (5) darin finde, die nie comme-il-faut reproduziert sind, sondern aussehen wie 3-D-Comics, die man ohne Brille anschaut. Dann brennt die verdammte Glühbirne (6) durch. Glaubt General Electric denn, ich habe einen Dukatenesel in der Ecke stehen? Ich muß raus aus der Wohnung. Ich glaube, ich werde einfach durch die Stadt fahren und dabei die Fußgänger anbrüllen und beleidigen.

Auf dem Weg nach unten bin ich mit einem unattraktiven Nachbarn und dessen sabberndem Hund (7) im Aufzug eingesperrt. Ich schaue zur Seite und murre, weil ich weiß, daß einem bei jedem direkten Blickkontakt mit diesen Kreaturen sofort zehn Punkte vom IQ flötengehen. Ich sehe keine Katzen (8), Gott sei Dank. Ich nehme an, daß sie gerade alle in anderen Wohnungen sind und Babies den Atem aussaugen oder, was noch schlimmer ist, sie sind läufig und zwingen einen so, ihnen durch Einführen eines Q-Tip in die Geschlechtsteile das Maul zu stopfen.

Ich schaue in den Briefkasten, aber die Post ist natürlich noch nicht da. Ich hasse es, wenn die Post zu spät kommt (9)! In diesem Augenblick lesen faule Säcke von Briefträgern wahrscheinlich meine Postkarten und blättern meine Zeitschriften durch. Zumindest ist heute nicht einer von diesen blödsinnigen Feiertagen (10) wie Washingtons Geburtstag oder Columbus Day, die doch nur jede geplante Arbeit vehement zum Stillstand bringen.

Draußen ist es heiß und schwül. Ich kaufe eine Stange Zigaretten und bin wie immer verbittert, weil man mir so hohe Steuern (11) abverlangt bei der einzigen Anschaffung, die mich wirklich glücklich macht. Joghurt (12) sollte man besteuern; dieses Zeug verursacht nämlich Krebs. Eine Nachbarin, die mir immer zu vertraulich zu sein scheint, als daß es für sie gut sein könnte, geht an mir vorbei und macht den Fehler, »Guten Morgen« zu sagen. »Klappe halten!« schnauze ich und trage ihr im Geiste einen Minuspunkt ein wegen ihres abscheulichen Stretchtops (13) und ihrer lächerlichen Farrah-Fawcett-Frisur (14), die so beliebt sind bei Modesündern. Und dann springt sie mir ins Auge, eine gottverdammte gebührenpflichtige Verwarnung an meinem Wagen, obwohl die Parkuhr (15) erst seit zehn Minuten gefüttert werden muß. Ich muß meine Wut an irgend jemandem auslassen! Ich laufe zu der besagten Modebanausin, die in »Le Car« (16) steigt, das ärgerlichste Fahrzeug der Menschheitsgeschichte, und reiße die Tür auf, die sie ihrerseits panisch zu verriegeln versucht. »Nicht so schnell, Miss«, belle ich. »Es obliegt Ihnen, diese gebührenpflichtige Verwarnung zu übernehmen – 16 Dollar wegen grob fahrlässiger und vorsätzlicher Modesünden!« Sie zeigt mir den Mittelfinger und parkt aus. Dabei stellt sie das Radio laut, so daß ich erleben muß, wie die Stimme von Stevie Wonder (17), dem schlechtgekleidetsten Mann der Musikbranche, in meine Ohren gellt.

Ich funkle jeden wild an, der es wagt, mich anzuschauen, steige in meinen eigenen Wagen (eine Limousine aus amerikanischer Produktion) und ignoriere ganz bewußt die lächerlichen Sicherheitsgurte (18), in denen man so albern, so übertrieben vorbereitet, so paranoid aussieht. Wer will denn schon in einem überschlagenen Wagen, der kurz vor der Explosion steht, in der Falle sitzen und nach dem Verschluß fummeln? Lieber Gott, ich muß tanken! Was mag noch alles schiefgehen? Ich steuere eine Tankstelle an und, klarer Fall, die Benzinpumpen sind alle mit »Selbstbedienung« (19). Ich *will* gar nicht wissen, wie »volltanken, bitte« funktioniert. Nein, danke. Ich fühle mich ohnehin gedemütigt, weil ich diese unvermeidliche Aufgabe erledigen muß, aber dann sehe ich auch noch einen anderen Autofahrer, der seinen Kahlschlag zu verbergen sucht, indem er seine letzte verbleibende Strähne in einem mißlungenen Tarnungsversuch (20) über seinen Schädel bügelt. Ha! Bildet er sich denn ein, er könnte jemanden täuschen? »Schönen Tag noch, Plattkopf!« schreie ich, während ich den Kreditkartenbeleg unterschreibe und dann in meinen Wagen flitze. Beim Hinausfahren weiche ich aus, um einen leicht übergewichtigen Jogger (21) nicht zu überfahren. »Das bringt doch sowieso nichts!« brülle ich dem verschwitzten Vielfraß zu. Ich mache den Fehler, das Radio anzustellen und finde prompt nur diese schrecklichen Talk-Shows (22), in denen einsame, geradezu aggressiv dumme Zuhörer professionell dreiste Moderatoren anrufen, um ihre idiotischen Meinungen zu verbreiten. Haben die denn keine Freunde, die sie mit ihren belanglosen Standpunkten belästigen können?

Ich halte an einer roten Ampel und bin stinksauer, weil man nicht »bei rot links abbiegen« darf (23). Schließlich kommt doch kein Gegenverkehr, oder?! Ich tue es trotzdem und verfehle knapp einen erwachsenen Mann auf einem Fahrrad (24), der es verdient, wegen Verkehrsbehinderung überfahren zu werden. Und dann sehe ich die Bescherung! Nichts verabscheue ich mehr – ein Wohltätigkeitsmarsch (25)! Straßenzug um Straßenzug langweilige Schwachköpfe in unattraktiver Sportkleidung, die sich gegenseitig auf den Rücken klopfen, weil sie einen guten Zweck unterstützen und mir mein Vorfahrtsrecht nehmen. »He, du Dummkopf«, schreie ich einen Yuppie mit Walkman (26) an, »Zeit ist Geld. Du schuldest mir 20 Dollar, weil du mich aufhältst.« Natürlich hört er mich nicht, weil er versonnen irgendwelche scheußliche Musik hört, höchstwahrscheinlich von diesem häßlichen Knirps Prince (27). Da ich sowieso in der Falle sitze, parke ich den Wagen ein, um eine Kleinigkeit frühstükken zu gehen. »Mach mit«, sagt irgendein Ungeheuer in einem Jeanshemd mit Flicken (28), während sie ihren lahmarschigen Freund küßt (noch dazu in aller Öffentlichkeit) (29). Der wiederum hat die Kühnheit, diese grauenhaften Ledersandalen (30) zu tragen, die aus den sechziger Jahren übriggeblieben sind. »Hoffentlich verreckt ihr«, koche ich vor Wut und eile in ein, das *hoffe* ich zumindest, anständiges Restaurant.

Aber – Ohhhhhh neiiiiin! Der Laden ist in eine »Luxussanierung« (31)

geraten, und als erstes sehe ich auf dem Teller von irgendeiner Figur einen Apfel (32). Ehrlich, ich habe noch *nie* einen Apfel gegessen. Ich habe zwar einmal einen angebissen, das gebe ich zu, aber ich habe den Bissen schneller wieder ausgespuckt, als ein Verräter Kronzeuge werden kann. Sehe ich denn wie ein Pferd aus? Gibt es hier denn keine Doughnuts oder sonstwie normales Essen, um Gottes willen? Und dann kommt es knüppeldick. Ich muß zur Kenntnis nehmen, daß sich mir ein Kellner in »Clogs« (33), dem ungehörigsten Schuh seit Menschengedenken, nähert. Er begeht den Fehler, sich tatsächlich an meinen Tisch zu setzen und zu zwitschern: »Hallo, du, mein Name ist Bill. Kann ich dir helfen?« (34) Für einen Moment bin ich außer mir und stelle mir vor, daß ich eine Radkralle zücke und seinen Knöchel an das Tischbein niete. »Stehen Sie auf«, schreie ich. »Und wie kommen Sie auf den Gedanken, daß ich Ihren Namen wissen möchte? Ich bin hergekommen, um zu *essen*, aber nicht um Freundschaften zu schließen! Bringen Sie mir gefälligst Eier und Speck und ersparen Sie mir Ihre Lebensgeschichte!« Er freut sich wie ein Schneekönig, als er mir erklärt: »Wir servieren kein Fleisch.« Na, großartig! Ein erbärmliches vegetarisches (35) Restaurant. Wie kann irgend jemand nur *kein* Fleisch essen? Wie ich sehe, beginnt die liberale Menschelei des Kellners abzukühlen. Er ist ganz der Typ, der in chinesische Restaurants geht, auf den Putz haut, weil er mit Stäbchen ißt (36) und dann wichtigtuerisch verlangt: »Bitte, kein Monosodiumglutamat« (37). Ich wünschte, ich könnte bei diesem Kretin eine große Schüssel roter Lebensmittelfarbe bestellen. »Dann also nur die Eier«, brülle ich und spüre, daß ich kurz vor einem Wutausbruch monumentalen Ausmaßes stehe.

Während ich an meinem Tisch sitze und auf meine Bestellung warte, ja, WARTE, merke ich, wie mir die Galle hochkommt, und ich beschließe, daß ich handeln muß. Ich kann unmöglich wertvolle Meckerzeit verstreichen lassen. Es ist höchste Zeit, die Polizei anzurufen und jedes Detail zu melden, welches mir auf die Nerven geht. Die müssen zuhören – das ist schließlich ihr Job, nicht wahr? Ich gehe zu einem öffentlichen Fernsprecher und bereite mich auf die Auseinandersetzung mit der verhaßten Telefongesellschaft (38) vor. Lieber Gott, es ist ein altmodisches Telefon zum Wählen (39), bei dem es unmöglich ist, die billigen Tarife von MCI in Anspruch zu nehmen. Dann fällt mir ein, daß ich MCI (40) auch hasse (die stellen einem gelegentlich nicht zustande gekommene Verbindungen in Rechnung) und gehe über zu schmachvollen Themen höherer Dringlichkeitsstufe. »Ja . . . hallo, Officer . . . ich bin ein rechtschaffener Bürger und möchte folgende Dinge melden, die mir auf die Nerven gehen: Breakdancing in der Öffentlichkeit (41), unverschämte Komiker, die sich für bissig halten (42), Nacktbadestrände (43), wo unattraktive Exhibitionisten darauf bestehen, ihre einfallenden Körper zu entblößen und das alles unter Berufung auf die Gesundheit ... und, o ja ... hallo? Hallo?« Ich donnere den Hörer auf die Gabel, wütend darüber, daß ein Staatsbediensteter es gewagt hat, einfach aufzuhängen, und ich gelobe, später am Tag einen Beschwerdebrief aufzusetzen. Ich komme rechtzeitig zu meinem Tisch zurück, um zu sehen, wie der grauenhafte »Bill« mein Frühstück serviert.

Ich beginne zu beben. Meine Augen scheinen aus den Höhlen platzen zu wollen. Man hat es gewagt, meine Eier mit Grünzeug (44) zu garnieren! O Gott! Das ist nicht fair. Und als nächstes? Schmieriger Eisbergsalat (45), der Polyester unter dem Gemüse? Oder, noch schlimmer, obszöner Rosenkohl (46) – diese kleinen Ausgeburten der Hölle, schlaff und verwelkt, die ihr Leben lang von Vögeln und anderen vergifteten Kreaturen angepißt worden sind? »Ich hasse Sie!« lasse ich den verblüfften »Bill« wissen und haue ihm acht Pennies (47) hin, die in der heutigen Wirtschaft nur noch gut sind, um Kellner zu beleidigen.

Vielleicht sollte ich ins Kino gehen. Da ist es wenigstens dunkel. Wenn ich nur dahinkomme, ohne vorher jemanden abzustechen. Ich wage es, aus meinem Autofenster zu schauen, wünsche mir aber sofort, ich hätte es nicht getan. Da draußen ist noch eins von diesen als »Kunst« daherkommenden Wandgemälden (48), in seiner ganzen dilettantischen Pracht. Wenn man diesem alarmierenden Trend nicht den Riegel vorschiebt, gibt es bald an jeder Ecke so einen Schandfleck. Hat man MICH etwa gefragt, ob ich mir das anschauen möchte? Denkt denn niemand an die armen Anwohner, die die öffentlichen Kritzeleien dieser Null-Talente kaum ignorieren können, wenn sie das Haus verlassen?

Ironischerweise befindet sich an eben dieser Ecke ein Schild mit der Aufschrift »Haltet die Umwelt sauber« (49). Ich spurte zum Kofferraum meines Wagens, irgnoriere das Hupkonzert hinter mir und fische eine Tüte mit Haushaltsmüll von mir heraus, die ich für Gelegenheiten wie diese aufbewahre. Stolz und ohne jede Scham schütte ich den Inhalt direkt auf die Straße. Bitte sehr, ihr Saubere-Umwelt-Pedanten! Ich komme mir tugendhaft vor und bin überzeugt, daß ich einen Arbeitsplatz geschaffen habe. Jedesmal wenn ich etwas hinwerfe, muß man doch schließlich jemanden dafür bezahlen, es wieder aufzuheben. Das ist doch nur gesunder Menschenverstand.

Während ich weiter in dieser Kloake, die als Leben bekannt ist, herumkreuze, wird mir klar, daß es zu spät ist, um noch auszuweichen. Ich muß an den Abtreibungsgegnern (50) vorbei, die vor Planned Parenthood demonstrieren. Nichts geht mir mehr auf die Nerven als diese aufdringlichen Lebensschützer. Nicht einmal Astrologie-Fanatiker (51), Hermann Hesse (52) oder Computerspiele (53). Man schaue sich diese Narren nur an, wie sie auf- und abmarschieren! »Kümmert euch um euren eigenen Dreck«, schreie ich. Als sich einer von diesen Wichtigtuern (noch dazu ein Mann) mit Informationsliteratur meinem Wagen nähert, verliere ich völlig die Fassung und kreische: »Ich wünschte, ich wäre ein Mädchen, damit ich abtreiben könnte!« Zitternd vor Wut wird mir klar, daß ich mich lieber wieder beruhigen sollte, bevor ich zusammengeschlagen werde, aber eine letzte Schmähung kann ich mir nicht verkneifen – »Ich hasse den Papst (54)«, brülle ich in die Runde.

Ich muß den menschlichen Wesen entkommen und eile in eines von diesen grauenhaften Doppelkinos (55). Ich denke mir, daß ich mich in die andere Vorführung schleichen kann, wenn dieser Film so entsetzlich ist, wie ich es erwarte. Zumindest zeigen sie keine langweiligen Klassiker (56) wie *The African Queen* oder *The Philadelphia Story* oder, noch schlimmer, Science fiction (57). Ich hole mir einen überteuerten Becher Popcorn und vergesse ganz, dem Blödian an der Snackbar zu sagen, daß er sich seine billige Butter (58) sparen soll, die einen an sich perfekten Imbiß doch nur ruiniert. Coke (59) bestelle ich nie, weil sie schlecht riecht. Ich setze mich auf meinen Platz, nehme einen Happen und werfe den ganzen Mist auf den Fußboden. Mehr Arbeitsplätze. Ich habe schließlich Eintritt bezahlt: Wie kann man da von mir erwarten, daß ich einen Abfalleimer benutze? Einige Kurzfilme (60) werden gezeigt, aber wenigstens sind es keine kunstbeflissenen Computerfilme (61), die mich zum Kinovandalismus treiben könnten. Wo sind die Filmzensoren, wenn wir sie brauchen? Klasse. Jetzt kommt die Vorschau, die ruiniert wird durch Ausschnitte aus einem neuen Film mit Sylvester Stallone (62), dem widerwärtigsten Star der Welt. Ich wette, der hat Pickel am Arsch. Der Hauptfilm ist *Witness* (Der einzige Zeuge) (63), und die beiden älteren Damen hinter mir fangen an, sich zu *unterhalten* (64), ausgerechnet. »Er hat sehr gute Kritiken bekommen«, sagt eine. »Ja, ich wette, er wird für den Oscar nominiert«, doziert die andere. »Würden Sie wohl das MAUL HALTEN!?« schreie ich und drehe mich mit bedrohlich flackernden Augen zu ihnen um. »Sie sitzen hier nämlich nicht vor Ihrer Flimmerkiste, wissen Sie«, füge ich blasiert hinzu. Es klappt. Sie sind so entsetzt über meinen Ausbruch, daß sie es in der nächsten halben Stunde nicht einmal wagen, sich zu räuspern. Aber während der Film sich entwickelt, wünsche ich mir langsam, das ganze Publikum würde aufschreien. Er handelt von Amischen (65). Warum um alles in der Welt produziert Hollywood einen Film, dessen Helden eine Gruppe von Menschen sind, denen ihre Religion Kinobesuche verbietet? In der Mitte dieser filmischen Scheußlichkeit gibt es eine Szene – die Amischen richten vor einem Sonnenuntergang eine Scheune –, die so ekelerregend ist, daß ich den Einsatz von Kotzeprojektilen ernsthaft in Erwägung ziehe. »Wunderschön«, sagt die befriedigte Kinobesucherin zu ihrer Begleiterin, und da ist bei mir die Zerreißgrenze endlich erreicht. Ich springe von meinem Platz auf, reiße ihr die Perücke herunter, werfe das Ding auf den Gang und hetze, undefinierbare Drohungen in die Dunkelheit kreischend, aus dem Kinosaal.

Ich verstecke mich im anderen Teil des Doppelkinos, aber nicht lange. Dort läuft *Mask* (66). Die Hauptrolle hat Cher, die in *Chastity* ganz passabel war, aber unter der Regie dieses weinerlichen Peter Bogdanovich (67) gute Kritiken zu bekommen scheint, weil sie *keine* Kleider von Bob Mackie trägt. Der Film handelt von einem Jungen mit verunstaltetem Gesicht, der nicht nur häßlich, sondern obendrein ein Arschloch ist. Seine Mutter soll eine Rockerbraut sein, aber ihre Freunde von den Hell's Angels sind ungefähr so bedrohlich wie die Sieben Zwerge. Der Elefantenmensch Jr. verliebt sich natürlich in ein wunderschönes blindes Mädchen und versucht in einer Szene, ihr zu erklären, wie schön der Himmel ist. »Aber ich kann nicht sehen. Ich weiß nicht, was blau ist«, protestiert sie. Da der häßliche Bock nie verlegen ist um eine übelkeiterregende Lösung, erhitzt er Steine auf verschiedene Temperaturen, legt sie in ihre Hand und sagt: »*Das* ist blau!!« »Ich sehe es! Ich sehe es!« stöhnt das Mädchen, und ich werde vorübergehend unzurechnungsfähig, schlitze mit meinem Autoschlüssel sechs Kinosessel auf und schreie erschreckten Zuschauern zu, daß Dorothy Stratten sich glücklich schätzen sollte, ermordet worden zu sein – alles, nur kein Leben mit Peter Bogdanovich.

Kurz vor dem Eintreffen der Polizei entwische ich aus dem Filmtheater, springe in meinen Wagen und schalte das Radio ein, in der Hoffnung, über den Ausbruch des 3. Weltkrieges informiert zu werden – mir ist alles recht, was mich diese Filme vergessen läßt –, statt dessen höre ich aber eine alte und doch schlechte Nummer von diesen quäkenden Beatles (68), die den Rock 'n' Roll ruiniert haben. Es ist einfach alles zuviel. Wieviel kann ein einzelner Mann ertragen? Ich fahre rechts ran und beginne zu schluchzen. Zügellos. Bitte, Gott (69) (dich hasse ich auch), laß mich in meine Wohnung zurückkehren, ohne vorher in eine Anstalt eingewiesen zu werden.

Vielleicht sollte ich wegfahren. Ich könnte New York besuchen, aber ich weiß, daß ich einen Nervenzusammenbruch erleiden werde beim Anblick dieser Liberalen, die sich in den U-Bahnhöfen jedesmal demonstrativ die Ohren zuhalten (70), wenn ein Zug einfährt. Außerdem bekomme ich da Streit mit groben Taxifahrern, die nicht einmal Englisch sprechen können (71). Warum ich nicht zum Strand fahre? Sind Sie wahnsinnig? Was soll ich denn da machen? Segeln gehen (72)? Mir Cabrios (73) anschauen – diese angeberischen Fahrzeuge, die »Schaut mich an« schreien, einem aber nur die Haare verheddern und verdrecken? Ich kann nicht einmal in den Stadtpark gehen aus Angst, drittklassige Akademiker zu sehen, die ihre Pfeife schmauchen (74) und Schach (75) spielen, das langweiligste Spiel überhaupt. Vielleicht fahre ich doch lieber nach Hause.

Von meinem Wagen geht es im Laufschritt in meine Wohnung, und die Tür verriegele ich doppelt. Ich zittere, aber ich werde versuchen mich zu entspannen. Die Post ist *endlich* da, aber sie zu öffnen ist immer wieder ein traumatisches Erlebnis. Warum bilde ich mir nur ein, daß es heute anders sein könnte? Oh, mein Gott! Irgend jemand hat mir eine dieser gefürchteten Grußkarten (76) geschickt. Können diese dummen Verwandten sich denn nicht *einen* einzigen Satz einfallen lassen und hinschreiben, anstatt loszurennen und Hallmark 75 Cent in den Rachen zu werfen für einen Spruch, den laut auszusprechen sie nie den Mumm haben werden? Natürlich sind Rechnungen gekommen. Aber keine ist so ärgerlich wie die von American Express (77), der schlechtesten Kreditkarte überhaupt – mit der höchsten Jahresgebühr erwirbt man das Privileg, fortwährend mit Wegwerfpost versorgt zu werden. Und der Gipfel ist, daß man jeden Monat den *ganzen* Betrag zahlen muß. Was soll's also? Alle Kreditkartenrechnungen sind für den Arsch, weil man die Karte für Adressenänderungen abreißen muß (78), bevor man den Umschlag verschließen kann, und so wieder eine Sekunde des Tages mit einer aufgezwungenen Aufgabe vergeudet wird. Ich versuche sogar, eine Zeitschrift durchzusehen, die ich abonniert habe, aber ich werfe sie sofort zur Seite, als ich Artikel über diesen großen Fettwanst Mr. T (79) sehe, der sich auf Prozessen gegen Kinderschänder herumtreibt und für Fotografen posiert, und über Bette Davis' dicke Jesus-Freak-Tochter (80), die sich einbildet, daß wir Leser schockiert sein werden, weil ihre Mutter sie schlecht behandelt hat. Ha! Es ist ein Wunder, daß sie sie nicht umgebracht hat! Ich stelle fest, daß mir eine von diesen nervenzerfetzenden Abo-Bestellkarten (81) in den Schoß gefallen ist, reiße sie in Fetzen und schwöre, daß ich diese Zeitschrift abbestellen werde. Aber dann beschließe ich, daß ich weiterhin Bitten um Rechnungsstellung hinschicken werde, um dem Laden die Abonnementabteilung durcheinander zu bringen.

Ich müßte es besser wissen, aber ich schalte den Fernseher (82) ein, dessen Auflösung viel zu grob ist, als daß man gut sehen könnte. Ich höre eine Lachkonserve (83) und schreie in der Abgeschiedenheit meines eigenen Heims tatsächlich auf. Verzweifelt schalte ich um, bekomme eben noch das Ende der Nachrichten mit und werfe einen Blick auf den lokalen Wetterfrosch (84), den einzigen Fernsehsprecher, der aus irgendeinem unerfindlichen Grund glaubt, sich wie Bozo der Clown aufführen zu müssen, um meine Aufmerksamkeit zu haben. Zumindest ist Sommer, so daß er den lächerlichen Ausdruck »wind chill factor« (85) nicht verwendet. Dieser Schwindel soll sowieso nur die Tatsache verklären, daß die Temperatur genau so ist, wie man sie im Winter erwartet. Muß ich denn Selbstmord machen, um diesem Geschwafel zu entgehen?

Ich rufe einen gleichgesinnten »Hasser« an, und der hat ebenfalls einen grauenhaften Tag hinter sich. Ich mache den Fehler, ihn zu fragen, ob er auf einen Drink ausgehen möchte. »Willst du mich etwa auf den Arm nehmen?!« geifert er. »Wahrscheinlich würden wir in eine Bar gehen, einen Martini bestellen und ihn im falschen Glas (86) serviert bekommen. Dann würde uns irgendein Widerling mit Matte (87) einen monomanischen Vortrag (88) halten über irgendein langweiliges Thema wie Theater (89).« »Du hast recht!« schreie ich und steige in die Meckerei ein, solange wir uns auf meinem Terrain befinden (weil ich dazu das eine oder andere zu sagen habe). »Vielleicht sogar über experimentelles Theater, die *schlimmste* Art überhaupt, bei der sich Knallchargen allen Ernstes ins Publikum begeben und versuchen, verängstigte Theaterbesucher in ihren Unsinn einzubeziehen.« Mein Nörgelkollege setzt seine Deklamation fort und schreit: »Ich hasse Ringen (90), den einzigen akzeptablen Sport, den Cindy Lauper mittlerweile ruiniert hat. Aber noch mehr hasse ich Folk Music (91) und Straßenfeste (92).« Ich selbst habe jetzt Schaum vor dem Mund, werfe den Hörer hin und brülle vollkommen besessen so laut los, daß die Nachbarn gegen die Wände klopfen. »Ich hasse Stroboskope (93), miserable Performance-Künstler (94) und« – da mir mein Kumpel am anderen Ende der Leitung wieder einfällt – »um ehrlich zu sein, DICH HASSE ICH AUCH!« Ich weiß, daß er eingehängt hat, weil ich durch meine Tirade hindurch schwach das Amtszeichen höre, aber scheiß drauf. Freunde (95) sind alle Arschlöcher! Ich taumele durch die Wohnung, rudere mit den Armen und schreie wie eine

Todesfee, so daß alle Welt es hört. »Ich mache dich fertig, Jon Voight (96), und dich auch, Bob Dylan (97), und alle anderen Dummköpfe des öffentlichen Lebens, die genau in diesem Moment Komplotte schmieden, um mir auf die Nerven zu gehen!« Ich breche auf meinem Bett zusammen und bekomme als Krönung Nasenbluten! Dafür mache ich sofort Bo Derek (98), *The Hobbit* (99), Rod McKuen (100) verantwortlich ... und ... würg ... oh, mein Gott, allein der Gedanke an diese Subjekte hat mich erbrechen lassen. Da ich erschöpft bin, gelingt es mir endlich, ein oder zwei Minuten einzuschlafen, aber finde ich Erleichterung? Natürlich nicht. Ich habe prompt einen blöden Traum. Aber ich werde Ihnen *niemals* erzählen, wie der war. Mehr als *alles* andere in der Welt HASSE ich nämlich Leute, die einem anvertrauen: »Letzte Nacht hatte ich so einen komischen Traum ...« (101).

Die Pia Zadora-Story

Pia Zadora ist ein Filmstar nach meinem Geschmack. Sie hat Mumm. Entweder man liebt sie, oder man haßt sie – Gleichgültigkeit ist kaum vorstellbar. Obwohl sie erst in drei Spielfilmen die Hauptrolle gehabt hat – in dem albernen Trash-Film *Butterfly*, in dem scheußlichen *Lonely Lady* und in *Voyage of the Rock Aliens* –, hat sie sich meiner Ansicht nach schon einen Stern auf dem Hollywood Boulevard verdient. Sie ist kleiner als Elizabeth Taylor, putziger als Alvin das Streifenhörnchen, reicher als Cher, hat mehr Publicity als Zsa Zsa und eine bessere Frisur als Farrah. Für einige Menschen mag sie der Witz der Nation sein, aber ich glaube, daß Pia Zadora zuletzt lachen wird. Ich sage voraus, daß sie der Star der achtziger Jahre wird.

Sie ist *sehr* unter Beschuß genommen worden. Sehen Sie, Pia hat einen gutsituierten Mann geheiratet, um es vorsichtig auszudrücken, und es scheint ganz so, als hätte ihre Ehe sogar noch mehr Aufmerksamkeit bekommen als ihre Arbeit. Sie war kaum siebzehn, als sie den neunundvierzigjährigen Meschulam »Rik« Riklis geheiratet hat, einen viele Millionen schweren Wirtschaftsmagnaten und Filmproduzenten. Seine Bereitschaft, die Karriere seiner Kindbraut zu fördern, scheint endlos. Ihm gehört das »Riviera Hotel« in Las Vegas; Pia hat dort gesungen. Seiner Firmengruppe gehört Dubonnet Wines; Pia war das Mädchen in deren Werbeanzeigen. Er finanziert Filme; Pia ist deren Star. Sie verblüffte Hollywood, als sie für *Butterfly* den Golden Globe für den Nachwuchsstar des Jahres gewann, und es wurden vage Vorwürfe erhoben, daß er die Auszeichnung irgendwie »gekauft« habe.

Die Leute scheinen ganz zu vergessen, daß Pia, wenngleich sie »aus dem Nichts gekommen ist und Erfolg gehabt hat«, zwanzig Jahre dazu gebraucht hat. Sie hat ihre Show-Biz-Karriere im Alter von sieben Jahren auf dem Broadway gestartet und seitdem immer gearbeitet. Unter anderem ist sie aufgetreten in *Applause, Fiddler on the Roof* und *Dames at Sea*. Spielt es denn eine Rolle, daß sie einen reichen Mann geheiratet hat? Die beiden sind seit mehr als zehn Jahren miteinander verheiratet, und allem Anschein nach lieben sie sich wirklich. Würde man sie ernster nehmen, wenn sie sich mit einem Müllmann zusammengetan hätte? Wie viele Leute im Showgeschäft können ehrlich behaupten, daß sie ihre Förderer *mögen*, von *lieben* ganz zu schweigen?

Schlechte Kritiken scheinen von Pias Rücken abzugleiten wie ausrangierte Nerzmäntel. Nachdem man in zwei aufeinanderfolgenden Jahren den Razie-Preis für die schlechteste Schauspielerin bekommen hat: Wer würde da den Humor behalten? Pia erhebt sich über all das mit einer geradezu frappierenden Fröhlichkeit. Sie glaubt an sich, und wenn einige ihrer Kritiker auch nur schwer kapieren, schreiben sie doch zumindest ihren Namen richtig. Ihr Enthusiasmus ist ansteckend. Die Presse ist in letzter Zeit netter gewesen zu ihr – schließlich muß dieses Mädchen etwas an sich haben, denn sonst wäre es gar nicht erst zu diesem enormen Publicity-Rummel gekommen. Sie kann singen, sie kann tanzen, und sie scheint so viel Spaß daran zu haben, Pia Zadora zu sein, daß es unmöglich ist, sie nicht zu mögen.

Pia Zadora ist der einzige lebende Filmstar, den ich je interviewen wollte. Ich traf im Büro ihres Presseagenten ein, und man zeigte mir einen fünfzehn Minuten langen Promotionclip ihres neuen Films *Voyage of the Rock Aliens*. Der Streifen schien mir das ideale Vehikel für sie zu sein: eine kuriose Kombination aus *The Rocky Horror Picture Show*, *Queen of Outer Space* und den alten Strandparty-Filmen mit Annette Funicello. Während ich im Taxi zu ihrem Apartment an der Upper East Side fuhr, überlegte ich mir, daß ich sogar morden würde, um sie für einen meiner eigenen Filme zu bekommen.

Ein Dienstmädchen in einem Pia-Zadora-T-Shirt öffnete mir die Tür und bat mich ohne jede weitere Erklärung, die Schuhe auszuziehen. Ich sah, daß das phantastische Apartment des Filmstars keineswegs japanisch eingerichtet war, sondern in High-Tech höchster Potenz, und dachte mir, daß Pia wohl besorgt war, ihr todschicker Teppichboden könnte schmutzig werden. Während ich durch das Apartment geführt wurde, staunte ich über einen gigantischen Glasakt von Pia im Wohnzimmer, und angesichts ihres gutbestückten Fitneßraumes klappte mir die Kinnlade herunter. Dann betrat ich den Raum, den man nur »Pias Laufställchen« nennen kann.

Fotos von ihr und natürlich auch ihr Golden Globe waren an hervorragender Stelle postiert. Pia spielte gerade mit ihrem Video-Recorder herum (sie schaute sich Daffy Duck an), sprang dann auf und begrüßte mich mit einem übermütigen Kuß auf die Wange. Sie trug eine Art Jogging-Anzug und ein Paar teurer weißer Stiefel, an deren Sohlen sich immer noch das Preisschild befand. Als ihr Manager Tino Barzie hereingeschlendert kam und auf das Schild hinwies, kicherte Pia, schälte es ab und sagte: »Nun, wenigstens ist damit klar, daß die Schuhe neu sind.« Das Dienstmädchen wurde geschickt, um Erfrischungen zu holen, und bevor ich das Tonbandgerät einschalten konnte, verriet Pia fröhlich, daß sie eben erfahren habe, daß sie schwanger sei. Sie wirkte rasend glücklich. Ich gratulierte ihr, und wir fingen an.

Ich möchte Ihnen ein Kompliment machen, aber Sie dürfen es keineswegs falsch verstehen. Sie sind für mich die beste Trash-Filmschauspielerin der Welt.

Na ja, *Lonely Lady* war wirklich kein Shakespeare.

Ihr Leinwanddebüt hatten Sie in Santa Claus Conquers the Martians, *richtig?*

Ohhhhh, Gott! Kaum zu glauben, nicht?!

Wie haben Sie die Rolle bekommen?

Ich habe mit dem Produzenten geschlafen – ich war sieben, und er war ein Kinderschänder. (Lacher). Nein, ich habe vorgesprochen. Tatsächlich war es ein Joe-Levine-Film – Avco Embassy –, derselbe Produzent, der *Lonely Lady* gemacht hat, machte auch diesen und hat sich an mich erinnert.

Vielleicht veranstaltet jemand ein Pia-Zadora-Filmfestival und führt Santa Claus *wieder auf.*

Genau das mache ich im Grunde jetzt – mit *Voyage of the Rock Aliens*. Es ist eine Fortsetzung von *Santa Claus Conquers the Martians.*

Sie waren ein katholisches Mädchen, richtig?

Ich bin es noch. Das Baby wird katholisch werden.

Das erste Mal habe ich Sie in einer Vorschau für Butterfly *gesehen, und ich sagte zu meiner Begleitung: »Mein Gott, wer ist diese Person?« Sie sahen so herrlich wie ein Luder aus. Diese verlotterte Ausstrahlung.*

Genau. Ich hatte Glück, weil ich jung aussah.

Wer war denn verantwortlich für Ihr Image in Butterfly*?*

Matt Cimber, der Regisseur. Ich hatte keine Vorstellung vom Film oder wie man welche macht. Tino Barzie, mein Manager, kannte Matt, der schon mit Frank Sinatra jr. gearbeitet hatte, und Matt sah eben das in mir, etwas Wildes und Verlottertes und Schrilles – das entsprach gewissen Ansprüchen.

Ich meine, dieser tolle Schmollmund, die wahnsinnige Frisur. Von wem ist die Frisur? Ich möchte die Story der Pia-Zadora-Frisur hören.

Von José Eber. Er ist sehr berühmt. Das ist der mit dem Hut und dem geflochtenen Zopf. Er hat Farrah frisiert. Mein Haar war einfach nur ein stilisiertes Chaos. Man steht morgens auf, nimmt den Fön, wirbelt es durcheinander und fertig. Wissen Sie, die meisten Leute haben *Butterfly* verrissen, aber als Video spielt er ein Vermögen ein.

Matt Cimber war mal mit Jayne Mansfield verheiratet. Sehen Sie bei sich eine Parallele zu ihrer Karriere?

Nein. Ich kann keine Verwandtschaft feststellen mit der Mansfield oder der Monroe. Die einzige, auf die ich mich beziehen kann, ist die Bardot. Zuerst einmal besteht zwischen uns eine gewisse physische Ähnlichkeit. Zum zweiten war sie sehr stark – sie hatte nicht diese gekünstelte Sexualität.

Waren Sie in Butterfly *nicht nervös wegen der Zusammenarbeit mit Orson Welles?*

Nein. Wissen Sie, nach dem Film habe ich mir gesagt: Es ist gut, daß du so dumm warst, nicht nervös zu sein. Wenn ich nervös gewesen wäre, hätte das die ganze Geschichte ruiniert. Ich bin mit vollkommenem Selbstvertrauen angetreten. Orson war begeistert von seiner Rolle, und er hat wirklich schrill aufgedreht.

Der enorme Skandal um den Golden Globe – bedauern Sie, die Auszeichnung bekommen zu haben?

Das meinen Sie doch nicht ernst?! Um nichts in der Welt würde ich ihn zurückgeben.

Aber hat es Ihnen nicht gestunken? Als die Leute behaupteten, Ihr Mann hätte ihn Ihnen gekauft?

Natürlich hat mir das gestunken. Um ein Haar hätte ich einen politischen Wahlkampf für mich gemacht. Ich liebe Herausforderungen. Ich habe etwas übrig für harte Auseinandersetzungen.

Es gibt ein Gerücht, demzufolge Ihr Mann den Verleiher bezahlt haben soll, damit Butterfly *gestartet wird.*

Nein, *Butterfly* war bei Analysis Film. Die haben regelrecht gebettelt um den Film. Aber sie haben den Laden zugemacht! Das waren Dummköpfe! Twentieth Century Fox wollte den Film haben, aber Matt Cimber hat gesagt: »Nein, es ist ein anspruchsvoller Film. Da braucht man einen Verleiher mit Niveau.« Analysis hat *Caligula* und *My Brilliant Career* verliehen. Als diese Publicity-Welle kam, hätte man *Butterfly* landesweit herausbringen sollen, anstatt eine Handvoll Kopien über die Dörfer zu schicken. Nach neun Monaten läuft er in Virginia an – wer will ihn dann noch sehen? Der Verleih hat angerufen und Geld verlangt für die Werbung. Mein Mann hat es ihnen nicht gegeben. Aus Prinzip.

Wann haben Sie Ihren Mann kennengelernt? Ich meine, Ihre Heirat ist doch ein Teil Ihrer Story.

Sie ist Teil meiner Aura!

Die London Times *schrieb, Sie lernten ihn zunächst dergestalt kennen, daß eine Freundin Ihrer Mutter ihn Ihnen gegenüber als »König der Juden« bezeichnete. Ist er tatsächlich der König der Juden?*

Ich weiß schon, woher das stammt. Ich war zu einem Vorstellungsgespräch in Otto Premingers Bürohaus, und Rik schaute vorbei, sagte hallo und war interessiert. Ich sah wie eine Zwölfjährige aus. Natürlich hatte ich meine Bildermappe dabei, und ich trug ganz knappe Hot Pants. Ich habe nicht weiter darüber nachgedacht, aber eines Abends bekam ich nach der Show, in der ich mitwirkte, einen Anruf. Er fuhr in einer großen Limousine vor, und meine Mutter und ich schauten aus dem Hotelfenster und sagten: »Lieber Gott, er ist wirklich gekommen!« Damals war ich sechzehn, und jeder Mensch über dreißig sah für mich aus wie hundert. Meine Mutter sagte: »Er ist wundervoll. Er ist sagenhaft.« Meine Mutter hat sich noch vor mir in ihn verliebt. Er wollte mit mir ausgehen, aber ich hatte Angst, von ihm entführt zu werden. Ich war jung, sehr naiv und auf meine Karriere fixiert. In vieler Hinsicht war ich auch sehr selbstgefällig – immer mein eigener Herr, ein vollkommen unabhängiger Mensch. Sechs Monate vergingen, und er wurde so etwas wie ein Freund. In meinem Leben gab es einen gewissen Einbruch, als die Jungs meines Alters einfach nicht reif genug waren – sie waren grün hinter den Ohren, und ich war eine Karrierefrau –, ich hatte schließlich seit meinem sechsten Lebensjahr gearbeitet. Die Freundin meiner Mutter, die in New York im selben Haus wie sie wohnte, fand heraus, wer er war. Sie sagte: »Mein Gott. Er ist der König der Juden. Bring ihn mit rauf!«

Hätte Ihre Mutter ihn genauso gemocht, wenn er nicht in einer Limousine vorgefahren wäre?

Das ist wirklich interessant. Die Leute fragen immer, ob ich ihn geheiratet hätte, wenn er nicht der gewesen wäre, der er war. Wenn er nicht der gewesen wäre, der er war, wäre er nicht so wohlhabend, wie er heute ist. Er hätte nicht diese enorme Erobereraura.

Hatte Ihre Mutter Einwände, weil er nicht katholisch war?

Nein. Sie ist sehr liberal. Ich bin auch nicht konvertiert. An Ostern und zu Weihnachten besucht er immer mit uns die Messe.

Reisen Sie mit ihm nach Israel?

Ich habe ihn begleitet zur Bar Mitzvah seines Enkels.

Sind Sie in Israel populär? Sind Sie für die Kibbutzim die *Attraktion?*

Ja. Sehr populär. Alle schreien und kreischen herum. Die Presse dort ist total wahnsinnig.

Die Kinder aus der ersten Ehe Ihres Mannes sind älter als Sie. Wie verstehen Sie sich mit Ihren Stiefkindern?

Nicht so überragend. Ich backe keine Plätzchen und besuche sie nicht zu Hause, um mit ihnen vorm Fernseher zu sitzen.

Ist es nicht der Alptraum jeder älteren Frau, daß ihr Mann mit einer Pia Zadora durchbrennen könnte?

Er hat seine erste Frau verlassen, bevor ich ihn kennengelernt habe. Ich muß die Frage bejahen, denn – ob jung oder alt – *ich* fühle mich nämlich sehr bedroht, wenn irgendeine attraktive Frau in der Nähe ist. Ich bin sehr besitzergreifend.

Stimmt es, daß Ihr Mann der sechstreichste Mann der Welt ist?

Ich wünschte jedenfalls, er wäre es. Es entspricht absolut nicht der Wahrheit. Aber ich werde ihn so lange arbeiten lassen, bis er es ist.

Ich habe gelesen, daß er zu Ihnen gesagt hat, Sie könnten sein ganzes Geld ausgeben, er würde Ihnen schon rechtzeitig Bescheid sagen, wenn keins mehr da wäre.

Alle Welt nimmt mich deswegen immer auf den Arm. Dann heißt es: »Wieviel gibst du aus?« Er sagt: »Solange du Geld ausgibst, verdiene ich weiter!« Und sein Steuerberater sagt: »Lassen Sie sie weiter Geld ausgeben, denn je mehr sie ausgibt, desto mehr verdiene ich.«

Sie führen also wirklich ein Leben wie in »Denver-Clan«?

(sanft) Gewissermaßen ja. Die meisten Leute stört aber die Tatsache, daß ich arbeite, obwohl ich es nicht müßte. Er hat eben eine Boeing 727 gekauft. Wir haben drei Domizile – eins in New York, eins in Beverly Hills und eins in Malibu.

Ihr Personal?

Eine Sekretärin, zwei Dienstmädchen, ein Butler in L. A.

Gibt es irgend etwas, was er Ihnen nicht kaufen würde?

Oh, ich bleibe in einem vernünftigen Rahmen. Grundsätzlich achtet er den Dollar sehr, weil er das Geld selbst verdient hat.

Aber wenn Sie ihn nicht hätten – ist Ihre ganze Karriere an sich eine leere Flause?

Also, erst mal kann diese Frage niemand beantworten. Es ist, als würde man Gott versuchen. Was wäre, wenn? Was wäre, wenn? So ist es eben nicht.

Erlaubt Ihr Mann Ihnen zu flirten?

Nun, ich würde niemals flirten. Ich bin eine verheiratete Frau.

Gehört Ihrem Mann nicht Dubonnet Wines?

Na, sicher.

Wie ist man auf die Idee gekommen, Sie als Sprecherin zu benutzen?

Es war eine Idee seines stellvertretenden Direktors. Es war vor etwa fünf Jahren, als ich im Riviera auftrat und mich kein Mensch kannte. Ich war die Rula Lenska der Weinwerbung. Rik sagte: »Nein, es ist unmöglich, weil es sich um ein freies Unternehmen handelt und es eine schlechte Idee ist, daß sie für mein Unternehmen arbeitet und Geld verdient.« Also habe ich meinen Verdienst für wohltätige Zwecke gestiftet, aber ich habe die Werbung nicht mehr gemacht, seit ich Pia Zadora bin. Damals war ich Mrs. Riklis. Pia Riklis. Jetzt ist er Mr. Zadora.

Wie reagiert er darauf?

Er ist begeistert. Wissen Sie, was er gesagt hat, als er erfuhr, daß ich schwanger bin?

Was denn?

Er hat gesagt: »Wunderbar, dann hast du ja bald jemanden in deinem eigenen Alter, mit dem du spielen kannst.«

Wie wird ein Baby Ihr Leben verändern?

Enorm. An diesem Punkt in meinem Leben bin ich bereit, ein Baby zu bekommen. Etwas Wirkliches in einer wahnsinnigen Welt.

Haben Sie Angst, daß Leute Ihnen Filmprojekte antragen, in der Hoffnung, daß Ihr Mann sie finanziert?

Ich bin sicher, daß eine Menge Leute darauf setzen, aber zu denen sagt er nur: »Wiedersehen, Freunde.«

Angenommen, Ihr Mann sagt zu Ihnen: »Hör auf mit dem Showbusineß.«

Anfangs habe ich ja aufgehört – nach unserer Heirat. Etwa eineinhalb Jahre habe ich nichts gemacht, aber ich kam mit seinen Kreisen nicht zurecht, und ich war keine gute Köchin und keine gute Hausfrau, und er selbst hat mich dazu angehalten, wieder anzufangen.

Vor Ihrem Ehemann, hatten Sie da feste Freunde Ihres Alters?

Zwanglos. Ja, da gab es einen, mit dem ich in der Schule sechs oder sieben Jahre zusammen war. Wir sind immer noch befreundet.

Waren Sie je eine »Schwulenmama«?

Ja. Ich bin sehr gut klargekommen mit Schwulen als Freunde. Ich weiß nicht, wie der Begriff richtig zu definieren ist, aber ich glaube, ich war zu jung, um eine zu sein. Aber ich hatte engen Kontakt zu den Schwulenkreisen.

Tun die bissigen Kritiken manchmal weh?

Nun, es ist sehr schwierig, sich selbst als Künstler objektiv zu beurteilen. Und man muß alles lesen. Aber das hat seine Grenzen – es gibt gewisse Kritiken über mich, die eine bestimmte Tendenz haben. Von vornherein heißt es dann: »Nun, ihr Mann hat den Film produziert.« Und dann weiß man gleich, aus welcher Richtung der Wind weht.

Was haben Sie empfunden, als Lonely Lady *auf der Gegenveranstaltung am Tage vor der Oscar-Verleihung in allen Kategorien die Auszeichnung als schlechtester Film bekommen hat?*

Es hätte mir sehr mißfallen, wenn man mich nominiert und ich nicht gewonnen hätte.

Aber es sind auch einige wirklich *bösartige Dinge geschrieben worden. Ich frage mich, ob Sie die einfach mit einem Lacher abtun können? Obwohl eine Besprechung bisweilen* so *schlecht sein kann, daß die Leute Lust bekommen, sich das Produkt anzusehen.*

Genau. Besonders im Fall von *Lonely Lady.*

Davon war ich enttäuscht. Ich hatte gehofft, daß der Film guter Trash wäre, aber er war nicht kitschig genug.

Wissen Sie, was nicht gestimmt hat bei *Lonely Lady*? Er sollte gar nicht Trash sein. Er war einfach nur so schlecht gemacht, daß er wie Camp aussah, und die Leute dachten, er wäre absichtlich schrill gemacht worden. Die Typen, die ihn gedreht haben, haben es eigentlich ernst gemeint. Der Regisseur muß einfach der schlechteste Regisseur in der Geschichte der Regisseure sein.

Also, Pia, es gab darin auch ein paar gute Stellen. Als Sie sich nach Ihrer lesbischen Affäire mit Ihrer ganzen Kleidung unter die Dusche gestellt haben, weil sie sich so schmutzig fühlten. Das war ziemlich witzig.

Aber das war ernst gemeint!

Und warum haben Sie den Film gedreht?

Ich habe den Film zunächst einmal gemacht, weil das der einzige Stoff war, der mir damals angeboten worden ist. Und dann hatte ich den Eindruck, daß die Zuschauer noch nicht reif waren, um mich in *Kramer vs. Kramer* zu sehen.

Mir scheint, daß man Sie absichtlich unattraktiv hergerichtet hat.

Ein katastrophaler Friseur. Eine katastrophale Maske.

Aber Sie hatten die Energie, eine Promotiontour zu machen.

Das mußte ich tun, lieber Gott. Wenn ich die Tour nicht gemacht hätte, hätten die Typen mich umgebracht. Zumindest bin ich in den Kritiken geschont worden. Haben Sie sie gelesen? Man war nett zu mir. Es hieß da: »Die arme Pia sitzt fest in diesem Machwerk.« An dem Film hätte nichts noch schlechter sein können, als es war, angefangen von den Kostümen bis zur Kamera.

Aber in Ihren Interviews haben Sie gesagt, daß es »toller Trash« sei.

Was hätte ich denn sagen sollen? Daß es langweiliger Trash wird?

Haben Ihnen die Aufschlagfotos von Ihnen in Penthouse *und* Oui *gefallen?*

Die in *Penthouse* haben mir gefallen.

In Oui *hat man Sie so gebracht, daß Sie wie eine Vierjährige aussahen. Die Zöpfchen und der Klein-Mädchen-Look.*

Oui war nicht gerade eine sehr stilvolle Zeitschrift. *Penthouse* schon. Mir hat an den Fotos gefallen, daß sie nicht plump sexuell waren. In meinem Gesicht war keine Anspielung auf Sex zu sehen. Gut, es waren Nacktaufnahmen, aber die zeigten immer nur mich – beim Nachdenken, wie ich mein Haar bürstete, Charakterstudien.

Was ging in Ihnen vor, als Sie in Cannes quasi nackt mit acht Millionen Fotografen um sich herum in dem Brunnen standen?

Ich war nicht nackt. Ich hatte einen am Rücken tief ausgeschnittenen Badeanzug an. Zu jener Zeit hatte ich keinen richtigen Bezug zu meinen wirklichen Gefühlen. Plötzlich befand ich mich im Zentrum eines Publicity-Gewitters. Ich bin in diesem Badeanzug hingegangen, rechnete aber nicht damit, daß man über mich herfallen würde – ich bin sicher, daß die Presseleute genau wußten, was sie taten, als sie mich nach draußen lotsten, aber ich war ganz ahnungslos.

Bekommen Sie viele Drehbücher angeboten?

In letzter Zeit sind es mehr geworden.

Welche Rollen möchten Sie gern spielen?

Ich hätte unheimlich gern *Frances* gemacht. Aber ich weiß, daß ich es nicht gebracht hätte, weil ich einfach nicht reif genug aussehe. Ich möchte gern *Evita* machen.

Müssen Sie vorspielen?

Das habe ich noch nicht gemacht. Nein.

Würden Sie es tun?

Wenn ich die Rolle haben wollte, warum nicht? Sicher, ich mache Probeaufnahmen.

Was macht Ihre Gesangskarriere? Sie haben auf dem Tokyo Music Festival drei Preise gewonnen.

Ich habe soeben ein Duett mit Jermaine Jackson aufgenommen – wir sind gerade aus Rom zurückgekommen, wo wir einen Video-Clip gedreht haben: Wahrscheinlich ist es das unglaublichste Video, das Sie je sehen werden, und zwar wegen dieser Liebesgeschichte, die da zwischen uns abgeht. Abgesehen davon ist es insgesamt sehr kontrovers.

Erzählen Sie mir von Ihrem neuen Film Voyage of the Rock Aliens.

Es ist ein reiner Jux. Er ist sehr witzig. Ruth Gordon spielt darin mit. Er ist reine Unterhaltung. Die Musik ist spitze. Sie werden begeistert sein von dem Film, weil er Camp ist. Er ist das lebensfähigste Produkt, mit dem ich bis jetzt zu tun hatte. Das Produkt, das mein wahres Ich am meisten verkörpert. Ich komme ja vom Gesang und vom Tanz.

Bekommen Sie bedrohliche Fanpost?

Nein. Allerdings haben mir ein paar ... Häftlinge geschrieben. *(Kichern)*

Was ist denn eigentlich mit dieser Sitte, Reportern Geschenke zu schicken? In Village Voice *las ich eine Besprechung, die folgendermaßen endete: »Hey, Pia, läßt du einen Sony Walkman springen?«*

Ich erinnere mich. Dem habe ich ein Bild geschickt und geschrieben: »Seelenverzehrende Qualen sollst du erleiden.« Ich habe damals angefangen, Geschenke zu verschicken, weil mein Manager Tino gesagt hat, daß man das macht. Man hält Kontakt zu den Presseleuten. Man schickt ihnen eine kleine Erinnerung, damit sie einen nicht vergessen.

Ich finde, Sie sollten einen Film mit Liberace machen.

Als ich ein kleines Mädchen war, war er mein Idol. Ich bin auch polnischer Abstammung und habe als Kind Klavier gespielt.

Sie beide zusammen, das wäre ganz große Klasse.

O Gott, und welches Publikum würde das ansprechen?! Meine Herren! Wir wären wirklich ein ungleiches Paar.

Ich würde Sie gern eine Mörderin spielen sehen. Nicht in einem Horrorfilm, sondern als richtiges *Biest. Was glauben Sie, welche Art von Rolle Sie mit fünfzig spielen werden?*

Ach Gott. Ich kann mir gar nicht vorstellen, wie ich mit fünfzig sein werde. Bitte nicht!

POSTSKRIPTUM

Ich werde Pia Zadora niemals eine Bitte abschlagen. *Voyage of the Rock Aliens* kam schließlich doch nicht in die Kinos, und ich kann mir gar nicht vorstellen, warum. Ihr Baby hat sie aber ganz planmäßig bekommen, und sie hat das kleine Mädchen zu Ehren der Rolle der Mutter in *Butterfly* Kady genannt. Obwohl Miss Zadora, wie berichtet wurde, eine lange, schwierige Geburt durchgemacht hat, hat sie es doch geschafft, sich zusammenzureißen und schon wenige Stunden später in einem Live-Bericht aus dem Krankenhaus in »Good Morning America« aufzutreten.

Pia tut ihre Filme heute als Peinlichkeiten ab, und sie droht sogar scherzhaft mit Selbstmord, falls *Lonely Lady* an eine Fernsehanstalt verkauft wird. Sie hat ihre Fans zutiefst erschreckt mit ihrer Ankündigung, möglicherweise ganz aufzuhören mit der Filmschauspielerei, falls sie nicht das richtige Projekt findet. Ich hätte natürlich eins für sie, vorausgesetzt sie würde ein kleines Wagnis eingehen.

Als Sängerin hat Miss Zadora sich vollkommen verändert. Vergessen Sie ihre Wiederaufnahme von Shirley Ellis' »The Clapping Song« (»Three, six, nine, the goose, drank wine«), den sie im Studio 54 auf einer beweglichen Bühne gesungen hat. Ihre Langspielplatte mit Pop-Klassikern (»The Man That Got Away«, »It Had To Be You«) mit dem entzückenden Titel »Pia and Phil« (»Phil« ist das London Philharmonic Orchestra) ist in die Charts gekommen, und ich höre sie mir fast jeden Tag an. Ihre dreimonatige Konzerttournee durch Amerika mit Auftritten in der Carnegie Hall und im Kennedy Center wurde gelegentlich mit stehenden Ovationen aufgenommen und bekam einige sehr gute Kritiken; besonders denkwürdig ist, daß Leonard Feather, der strenge Jazzkritiker der *Los Angeles Times*, schwärmte: »Pia ist Zadorabel! Sie hat alles, den Stimmumfang, fachmännische Intonation, Feingefühl für die Liedtexte und genug dynamische Vielfalt, um die Gefahr von Bombast auszuschließen. Es gibt keinen Grund, über Zadora zu lachen, und es wird wohl auch nie wieder einen geben.« Selbst Pia war überrascht und gab zu, daß sie zehn Exemplare der Zeitung gekauft hat, »voller Hoffnung, daß man nicht doch noch einen Widerruf drucken würde«. Pia Zadora wird endlich der Respekt gezollt, der ihr zusteht. Weiter so, und nach oben, Pia. Ich sage es nur höchst ungern, aber ich habe es Ihnen doch gleich gesagt, nicht wahr?!

Gefängnisaufenthalte

Ich kann es nicht ändern, ich genieße es einfach, Umgang zu pflegen mit Mördern, Vergewaltigern und Kinderschändern. Deshalb beschloß ich, einen Ratschlag meines Vaters zu befolgen, demnach »Showbusineß nichts auf Dauer« ist, und meine erste echte Arbeit anzunehmen. Noch dazu mit einem Gehaltsscheck vom Bundesstaat Maryland. Und, was noch absonderlicher ist, ausgerechnet als Lehrer. Oder, um es im Berufsjargon auszudrücken, in der »Resozialisierung«. Verbrecher. Richtig schwere. Wenn jetzt also Fremde zu mir kommen und sich nach Divine erkundigen oder nach meinem nächsten Filmprojekt, könnte ich ihnen wahrheitsgemäß sagen: »Ach, ich bin jetzt im Strafvollzug tätig.« Vielleicht bekomme ich eines Tages sogar eine Stelle als Gefängnisdirektor.

»Wer in seinem Beruf nichts kann, wird Lehrer«, heißt die gute alte Redensart, und ich glaube, das ist wahr. Jetzt als reifer Mensch erkenne ich, daß ich kein Mörder sein möchte, und deshalb ist vielleicht die zweitbeste Tätigkeit, Mörder zu unterrichten. Ein Psychiater hat einmal angedeutet, daß ich möglicherweise im Gefängnis säße, wenn ich nicht meine Filme als Ventil für meine Wut hätte. Wer weiß? Ich bin überzeugt, daß letzten Endes jeder von uns zum Mörder werden könnte. Das ist die eine Laufbahn, die kein Mensch plant. Es gibt keine Eltern, die ihre Kinder aufziehen, damit sie Mörder werden. Ich bin sicher, daß selbst Charles Manson als Dreikäsehoch andere Ziele hatte. Dennoch, auch wenn es niemand zugibt, jeder einzelne von uns hat in Augenblikken des Zorns Mordgedanken gehegt, wenn auch nur für den Bruchteil einer Sekunde. Glücklicherweise haben die meisten Menschen diesen Trieb im Griff. Eine meiner Obsessionen sind diejenigen, denen das nicht gelingt.

Für das Verbrechen gibt es keine Lösung (Abtreibung? Bildung?). Es passiert einfach, so ist das eben. Vielleicht ist die Erbsünde oder was auch immer schuld. Bevor die verschiedenen freiwilligen Bürgerschutzgruppen, die in allen Städten so en vogue sind, zu lamentieren anfangen, möchte ich sagen, daß ich durchaus vertraut bin mit der Perspektive der Opfer. Ich habe *Victim* und *The Other Side of Murder* gelesen, zwei erschütternde Berichte über die lang anhaltenden Höllenqualen, unter denen Opfer von Gewaltverbrechen zu leiden haben. Polanskis Autobiographie *Roman* schildert vielleicht am besten den unendlichen Verlust und die unvermuteten indirekten Folgen, die auftreten, wenn ein geliebter Mensch ermordet wird.

Aber was ist mit der anderen Seite der Medaille? Kann man sich das ebenso große Grauen und die Schuldgefühle vorstellen, die die Eltern der Kids aus der Manson-Familie empfunden haben? Den vollkommenen Mangel an Mitgefühl von seiten der Allgemeinheit? Die unerwünschte traurige Berühmtheit? Das nie enden wollende Gefühl, daß alles irgendwie ihre Schuld ist? Wohin wenden sie sich? Es gibt zum Beispiel keine Initiative namens »Eltern von Mördern«. Ich habe den Verdacht, daß ihr Kummer bisweilen nicht weniger groß ist.

Ich spreche kein Recht über Kriminelle. Wir haben Richter, die dafür bezahlt werden, um das zu tun. »Ah, aber nehmen Sie an, jemand hätte *Ihre* Mutter getötet oder vergewaltigt«, schreien Sie jetzt auf. »Dann würden Sie anders denken.« Und, wissen Sie, Sie haben wahrscheinlich recht. Aber das ist eben nicht passiert, verstehen Sie. Ich bin kein Liberaler. Das Leben ist nicht fair. Genauso wette ich, daß Sie Ihre Meinung über angemessene Bestrafung radikal ändern würden, wenn ein Mitglied Ihrer Familie ein Gewaltverbrechen beginge.

»Wenn Ihnen das nächste Mal danach ist, jemanden umzubringen, dann tun Sie es um Gottes willen *nicht* – schreiben Sie darüber, zeichnen Sie es, malen Sie es«, riet ich meiner Klasse von etwa fünfundzwanzig verblüfften Häftlingen bei meinem ersten Gastvortrag. »Die Filme, die ich drehe, sind *meine* Verbrechen, nur werde ich dafür bezahlt, anstatt in den Bau zu kommen.« Es war meine Probeveranstaltung in der Strafvollzugsanstalt Patuxent, die auf halber Strecke zwischen Baltimore und Washington, D. C., liegt, Ich war etwas nervös, aber ich hielt es für einen guten Ratschlag. Vielleicht etwas anders als die übliche Therapie, aber nichtsdestoweniger praktisch. Harvey Alexander, ein alter Freund von mir, hatte mir von seiner Arbeit als Collegelehrer für Englisch innerhalb des Strafvollzugssystems von Maryland erzählt, und ich war sofort interessiert. Als er mit den Namen von einigen der berüchtigteren Verbrecher der Gegend um sich warf, die in seiner Klasse saßen, wußte ich, daß ich hinmußte.

Patuxent ist die einzige Vollzugsanstalt ihrer Art im Lande, und ich glaube, daß sie funktioniert. Die Insassen sind nicht für geistig unzurechnungsfähig erklärt worden, obwohl das durchaus möglich gewesen wäre, wenn sie sich bessere Rechtsanwälte hätten leisten können. Alle Häftlinge sind in umfassender psychiatrischer Behandlung und müssen in die Strafanstalt aufgenommen werden. Falls die Prüfungskommission meint, daß sie auf die Behandlung nicht angemessen ansprechen, werden sie wieder in das reguläre Gefängnissystem abgeschoben. Manchmal handelt es sich bei den Gewaltverbrechen um die erste Straftat der Häftlinge. Das Durchschnittsalter ist vierundzwanzig Jahre, und die Gefängnisbevölkerung besteht etwa zu fünfzig Prozent aus Mördern, vierzig Prozent aus Sexualtätern und zehn Prozent aus sonstigen. Ihre Verbrechen sind echte Prachtstücke, und die durchschnittliche Haftzeit beträgt dreißig Jahre. Patuxent hat sogar eine eigene Bewährungskommission, die von der bundesstaatlichen Rechtsprechung unabhängig ist, und die Rückfallquote ist viel niedriger als die anderer Strafanstalten.

Harvey hatte es irgendwie eingerichtet, daß ich eingeladen wurde, um *Female Trouble* vorzuführen, einen Film von mir, in dem humorig behauptet wird: »Verbrechen ist Schönheit.« Nachdem das erste von vielen Toren hinter mir zugescheppert war, schleppte ich meinen Projektor über den Gefängnishof und fragte mich, wie die Klasse wohl reagieren würde. Schließlich war es erst acht Uhr dreißig, und der Film war ziemlich überspannt. Als ich dann im komplizierten Gefängnislabyrinth war, wurde ich von dem vielleicht berüchtigsten meiner zukünftigen Schüler in Empfang genommen. Er erbot sich, meinen Projektor zu tragen. Ich kannte ihn, da ich seinen Mordprozeß besucht hatte, wovon er allerdings nichts wußte. Ich war erleichtert, schon am ersten Tag einen »Liebling« zu haben.

Das Klassenzimmer war nicht übel. Wie alle staatlichen Schulen etwas heruntergekommen, aber ich hatte ja auch nicht die UCLA (Universität von Kalifornien in Los Angeles) erwartet. Zumindest konnte man Kette rauchen. Die Schüler kamen hereinmarschiert und betrachteten mich neugierig. Sie wußten um mein Kommen und erwarteten Gott weiß was. Ich war schockiert, als ich sah, wie jung sie waren. Viele waren Weiße. Einer sah aus wie mein Bruder. Ich kündigte den Film mit meiner gewohnten Platte an und erklärte, daß ich versucht hatte, den schlimmsten Schundfilm aller Zeiten zu machen, und dann gingen die Lichter aus. Während der Vorspann lief, dämmerte mir, daß ich in einem Teil des Gefängnisses mit zwanzig Männern eingesperrt war, welche die Gesellschaft als gefährliche Kriminelle gebrandmarkt hatte, und daß weit und breit kein Gefängniswärter zu sehen war. Na ja, dachte ich, sie scheinen mir doch nette Jungs zu sein; und jeder hat doch mal einen schlechten Tag, schätze ich.

Wie alle Zuschauer lachten sie am meisten über den Sex und die Gewalt. Besonders wenn der Hauptdarsteller Divine, ein dreihundert Pfund schwerer erklärter Transvestit mit Irokese, daran beteiligt war. Natürlich identifizierten sie sich mit jeder Szene, in der es um Rechtsanwälte, Prozesse oder Gefängnisse ging, ganz egal, wie grotesk übertrieben sie war. Als auf der Leinwand ein Rechtsanwalt spaßig zu den Geschworenen sagte: »Wenn mein Mandant nicht wahnsinnig ist, wer dann?«, flüsterte mir ein Häftling ins Ohr: »Wenn mein Rechtsanwalt doch bloß so gut gewesen wäre.« Als Divine zum Schluß auf dem elektrischen Stuhl hingerichtet wird, wurde die Klasse grausig still, applaudierte aber während des Abspanns. Die Lichter gingen wieder an, und die Schüler betrachteten mich mit anderen Augen. War ich ein Geisteskranker? Ich erklärte meine verdrehten Theorien über das Verbrechen, und die Atmosphäre lockerte sich. Sie konnten sich nicht vorstellen, daß ich »draußen im Leben« mit dieser Art von Wahnsinn meinen Lebensunterhalt verdienen konnte, aber sie kamen mir seltsam hoffnungsvoll vor. Ich schätze, sie dachten: »Wenn *der* Geld verdienen kann, können wir alle noch hoffen.«

Am Ende der Unterrichtsstunde vibrierte ich wie eine Stimmgabel, weil ich Hunderte Tassen Tee getrunken hatte, und der Chefredakteur der Gefängniszeitung bat mich um ein Interview, und andere luden mich ein, mit weiteren Filmen wiederzukommen. Ich war süchtig. Zum erstenmal hatte ich das Gefühl, für die Allgemeinheit von Wert zu sein. Während wir plaudernd die Gefängniskorridore entlangschlenderten, vorbei an Ping-Pong-Tischen, Reihen von Zellen und Sitzungen der Anonymen Alkoholiker bis zur Sicherheitsschleuse, nahm mein Höhenflug ein abruptes Ende. Hinter mir hörte ich einen Schüler witzeln: »He, dem hat jemand Zucker in den Tank getan.« Soviel also zu meinem Gefühl, Johnny Cash live at Folsom Prison zu sein.

Harvey war so nett, mich noch mehrere Male einzuladen. Er erledigte wunderbarerweise die Formalitäten, die mich durch die Sicherheitskontrolle brachten (ein Wärter verblüffte mich, als er sagte: »Guten Abend, Mr. Waters. Ich war begeistert von *Pink Flamingos.* Werden Sie Divine mal mitbringen?«), und er gab seinen Schülern mein Buch *Shock Value* zu lesen. Ich konnte mir gar nicht vorstellen, wie sie reagieren würden auf das Kapitel, in dem es um meine Obsession geht, Mordprozesse zu besuchen, und das so beginnt: »In Haft sieht jeder besser aus.« Konnten Sie das überhaupt witzig finden? Irrte ich mich? Ohne den grellen Glanz der Medien wirkten sie alle ganz normal. Wenn man die niederträchtigen Taten ignorieren konnte, die sie zusammengeführt hatten, konnte man sie für eine durchschnittliche Gruppe Studenten irgendeines öffentlichen Colleges halten. Abgesehen von den Tätowierungen natürlich.

Ich ging so unheimlich gern ins Gefängnis, daß es regelrecht peinlich wurde. Übereifrig wie ich bin, kam ich immer zu früh und mußte dann die Zeit totschlagen, indem ich unter den wachsamen Augen der Wärter auf ihrem Turm auf dem Parkplatz herumwanderte. Ich war paranoid genug zu denken, sie könnten glauben, daß ich eine Bombe oder so etwas dabei hatte.

Gewissermaßen entwickelte ich mich zu einem Pseudo-Therapeuten, und unser Unterricht wurde manchmal zur Karikatur einer Gruppentherapie. Anders als die offiziellen Gefängnisärzte durfte ich die Häftlinge nicht beurteilen und hatte keinen Einfluß auf ihre Haftentlassung. Ihre Einstellungen ihrem Gefängnis gegenüber waren manchmal überraschend. Runtergemacht haben sie es im Grunde gar nicht. Zum größten Teil hatten sie den Eindruck, daß ihre Therapie funktionierte und sie zumindest eine Chance hatten. Viele brachen verständlicherweise in Panik aus, wenn ihre langjährigen Seelenklempner starben oder kündigten und sie dann ganz von vorn anfangen mußten. Die zum Klischee gewordenen Schrecken des Gefängnislebens wurden heruntergespielt – Rassenspannungen waren kein großes Problem, und die Gewalttätigkeiten waren nicht annähernd so schlimm wie in den Gefängnissen, in denen sie vorher gewesen waren. Über viele Mitglieder der Verwaltung äußerte man sich positiv – eine echte Seltenheit bei Häftlingsgesprächen.

Die meisten gaben zu, daß ihnen bei Einlieferung in eine Haftanstalt eine mögliche homosexuelle Vergewaltigung die größte Angst bereitete, aber sie hatten bald gemerkt, daß diese Praxis in Patuxent selten war. In sexueller Hinsicht bin ich aus ihnen nie schlau geworden. Wenn sie unter sich waren, rissen sie immer Witze über »Schwuchteln« (»He, Alter, blas mir mal einen«), und sie sprachen offensichtlich mit ihren Ärzten über ihre Gefühle zu diesem Thema. Im Grunde schien es aber nicht problematisch zu sein. Die Gefängnisverwaltung vertrat die Position, »daß Homosexualität nicht mißbilligt wird, da es sich dabei oft um die erste liebevolle Beziehung handelt, die ein Häftling erlebt«. Für die Gefangenen blieb sie trotzdem ein Tabu, wenn sie sich offiziell dazu bekennen sollten, aber wen kümmerte es schon, was passierte, wenn die Lichter ausgingen? Falls es in meiner Klasse Knackiliebespaare gab, habe ich sie nicht bemerkt. Ich muß allerdings gestehen, daß ich wie vom Donner gerührt stehenblieb, als ich den Mistelzweig sah, den irgendein Witzbold zu Weihnachten über die Tür der Gemeinschaftstoilette gehängt hatte.

»Weshalb haben Sie absichtlich einen so schrecklichen Film gedreht?« fragte ein bestürzter Häftling nach der Vorführung von *Pink Flamingos* und wiederholte damit eine Frage, die mir meine Eltern seit Jahrzehnten stellen. Das »Happy-End« mit Divine, der einen Hundehaufen mampft, war soeben von der Leinwand verschwunden, und seltsamerweise waren alle Schwarzen der Klasse aufgesprungen, aus dem Raum gelaufen, und auch an diesem Tag nicht mehr wiedergekommen.

Pink Flamingos als Therapie? Ausgerechnet der Film, den *Variety* »sicherlich einer der abscheulichsten, dümmsten und abstoßendsten Filme, die je gemacht wurden« genannt hatte? Bevor Sie aus Ihrem Lehnstuhl aufspringen, um Ihren Kongreßabgeordneten einzuschalten, denken Sie bitte daran, daß dieser Film letzten Endes eine Komödie ist. Ist es denn in Wirklichkeit nicht gesund, wenn man über die schlimmsten Ängste der eigenen Psyche lachen kann? Ist Lachen nicht der erste Schritt, um sich zu befreien von der Angst? Könnte der Film nicht eine echte Schocktherapie sein? Wenn die Geächteten der Gesellschaft ausflippen bei irrwitzigen Situationen, die sicherlich verblassen neben ihren eigenen echten Verbrechen? Wenn die masochistischsten Machos erkennen, daß Humor eine viel tödlichere Waffe sein kann als ihre kleinkalibrigen Pistolen und er dennoch keinerlei Gefängnisstrafe nach sich zieht?

Harvey und ich versuchten sie anzuregen, sich selbst Gedanken über eigene Filmscripts zu machen. Wir redeten über eine Gefängniskomödie, die sich auf die Lächerlichkeit ihrer Situation konzentrieren würde anstatt auf das Grauen. Die in einer entschieden humorlosen Atmosphäre auf Komik abzielen würde. Ein Schüler schlug den Titel »Der rücksichtslose Blick« vor – ich hatte diesen Ausdruck noch nie gehört. Ich erfuhr bald, daß es eine im Gefängnis übliche Allzweckbeschuldigung ist, die die Wärter benutzen, um einem Gefangenen »ein Ding anzuhängen«, wenn keine andere Beschuldigung verfangen würde. »Rücksichtsloser Blick« bedeutet einfach, daß jemand einen anderen giftig anschaut oder sich danebenbenimmt, und alle Häftlinge sehen das als linke Geschichte an. Ich konnte sie verstehen, weil fast jeder Mensch, den ich draußen kenne, chronisch den rücksichtslosen Blick hat und ihn Tag für Tag austeilt.

Jeder Schüler ließ sich Ideen für das Drehbuch einfallen: ein dicker Häftling vermasselt einen Fluchtversuch, als er in dem Tunnel unter dem Gefängniszaun stecken bleibt; eine Parodie auf *Scared Straight,* in der Knackis einer Gruppe unschuldiger Schüler von der Junior High School geduldig erklären, wie man Verbrechen begeht; ein Ulk über die falsche Auffassung der Öffentlichkeit von »Country-Club«-Gefängnissen, in denen die Insassen in gestärkter Tenniskluft herumlaufen, Gourmet-Menüs essen und an Polo-Spielen auf dem Gefängnishof teilnehmen. »Der rücksichtslose Blick« wurde für uns alle ein Phantasieprojekt, von dem wir wußten, daß es nie produziert werden würde, das aber eine Idee war, die uns vorantrieb.

Das Semester näherte sich schnell seinem Ende. Wir hatten *Polyester* mit guten Resultaten vorgeführt; die Ironie, daß darin Häftlinge auf ihren Rubbel-und-Riech-»Odorama«-Karten am Geruch schmutziger Tennisschuhe schnüffeln, um einen College-Abschluß zu bekommen, entging niemandem. Ich war immer noch ein »verkappter« Lehrer, der sich hin und wieder an Harveys Unterricht beteiligte, und die Gefängnisverwaltung hatte offensichtlich nichts dagegen. Das Interview, das ich der Gefängniszeitung *Progressive News* gegeben hatte, war erschienen, und der Häftlingsredakteur erzählte mir, daß Exemplare davon routinemäßig an den Gouverneur, Kongreßabgeordnete und andere staatliche Würdenträger geschickt wurden. Ich hoffte, daß sie den Humor der Gefangenen in der zu dem Artikel gehörigen Illustration verstanden: ein großes getürktes Fahndungsplakat mit einem Bild von mir und meinem Projektor und der Bitte um Informationen, die zu meiner »Verhaftung und Verurteilung wegen fahrlässigem schlechten Geschmack« beitragen könnten. In fetten Lettern wurde da gewitzelt: *»Der Gesuchte ist bewaffnet* . . . mit satirischem Esprit und *gilt als Gefahr* . . . für die Werte der Mittelklasse. *Annäherung nur unter äußerster Vorsicht* . . . sonst könnten auch Sie infiziert werden. *Schießen Sie sofort* . . . um eine weitere Ausbreitung zu verhindern.«

Mir wurde auch eine Urkunde überreicht, die Harvey und die Schüler insgeheim vorbereitet hatten. Ich fühlte mich wie bei »Queen For a Day«, »This Is Your Life« plus Oscar und Emmy auf einmal. »Hiermit wird bestätigt«, hieß es da, »daß die unterzeichnenden Insassen der Strafanstalt Patuxent John Waters zu großem Dank verpflichtet sind, weil er weder Zeitaufwand noch andere Mühen gescheut hat, um sich im Jahre des Herrn 1983 mit uns zu treffen und uns seine Filme zu zeigen. Wahrhaft praktischer Unterricht in schlechtem Geschmack.« Darunter hatten alle Schüler ihren Namen, ihr Verbrechen und ihre Strafe geschrieben.

Da ich gewußt hatte, daß es im Gefängnis als Verstoß gegen die Etikette gilt, einen Insassen nach seinem Verbrechen zu fragen, erfuhr ich so in vielen Fällen erstmals, welche Delikte sie tatsächlich begangen hatten. Die Hitparade der Todsünden war erschütternd: Vergewaltigung, dreißig Jahre; Mord, lebenslänglich; bewaffneter Raub, fünfunddreißig Jahre; tätlicher Angriff in Tateinheit mit versuchtem Mord mit Schußwaffe, fünfundfünfzig Jahre; und so weiter und so weiter. Insgesamt saß meine zwanzig Mann starke Klasse 450 Jahre plus zweimal lebenslänglich ab. Ich bedankte mich überschwenglich bei ihnen und begab mich, als ich wieder zu Hause war, daran, mir eine angemessene Geste der Erwiderung einfallen zu lassen. Ich konnte ihr Abschiedsgeschenk im Leben nicht übertreffen, aber zu guter Letzt schickte ich jedem Häftling einen Postkartensatz mit ausgefallenen Szenen aus meinen Filmen und als unwiderrufliches Zeichen meiner Freundschaft eine fotokopierte Monopoly-Ereigniskarte mit der Aufschrift »Du-kommst-aus-dem-Gefängnis-frei«.

Jetzt stand nur noch die Urkundenvergabe bevor. Eine echte, mit allen Schikanen: Barett und Talar, Abschiedsrede des Schülersprechers und bekannter Würdenträger (Staatsanwalt, Kongreßabgeordnete), und sogar mit einem Brief von Fritz Mondales Gattin, der laut verlesen wurde und in dem sie den Graduierten gratulierte. Das alles bei achtunddreißig Grad auf dem Gefängnishof. Ich konnte mir nicht vorstellen, wie es wohl war, ein Collegediplom überreicht zu bekommen und dann wieder in die Zelle zurückzukehren, um die Strafe weiter abzusitzen, aber die Gefangenen wirkten durchaus festlich gestimmt.

Da die Familien und Freunde der Häftlinge die Erlaubnis bekommen hatten, Holzkohlegrills und alles Notwendige für ein Picknick mitzubringen, hatte ich Gelegenheit, viele der Ehefrauen, Eltern und Kinder meiner Schüler kennenzulernen. Alle waren stolz. Während ich zusammen mit einem meiner besseren Schüler und seiner Familie einen Hot dog futterte, war der Vater ganz geschäftiger Gastgeber und räumte die Picknick-Reste weg. Der Schüler erzählte seinem Vater, wie gut er vorankam, wie resozialisiert er sei und daß er vorhatte, bei der Renovierung des Familienhauses mitzuhelfen, wenn er auf Bewährung entlassen wurde. Der Vater langte nach dem verschmierten Pappteller seines Sohnes und fragte: »Bist du fertig?« Verwirrt, aber aufrichtig stammelte der Sohn: »Womit? . . . Leute töten oder essen?«

Während des Sommers vermißte ich das Gefängnis. Ich wollte wieder zurück, und es sollte ganz offiziell sein. Harvey und ich fanden, daß wir uns im Klassenzimmer ergänzten, eine Art Laurel und Hardy im Knastmilieu, und wir wünschten uns einen weiterführenden Unterricht. Auf der Examensfeier hatte ich ganz kurz mit der Gefängnisdirektorin gesprochen, einer attraktiven und beeindruckenden Dame in den Vierzigern, die nicht dem abgedroschenen Bild der weiblichen Autoritätsperson entsprach, das durch so wunderbare Filme wie *The Big Doll House* und *Caged Heat* populär geworden ist. Ich wußte, daß sie ihren Beruf todernst nahm, und mir war zu Ohren gekommen, daß sie durchschlagenden Erfolg gehabt hatte in der Fernsehsendung »20/20«, in der ein Bericht über die Strafanstalt gezeigt worden war. Daher hatte ich den Verdacht, daß sie eine gehörige Portion Humor besaß. Harvey und ich riefen sie an, um unsere Unterrichtsprojekte anzupreisen, und sie setzte eine Besprechung mit uns an, bei der auch der pädagogische Leiter und der Chef des psychologischen Stabes zugegen sein sollten.

Der Anblick der Sekretärin der Direktorin, die eine tolle Frisur hatte und wirkte wie frisch vom Besetzungsbüro geschickt, nahm uns gleich jede Befangenheit, und dann wurden wir hineingeführt. Ich erfuhr bald von der größten Sorge der Direktorin, die darin bestand, daß ich möglicherweise plante, im Stil von *Titicut Follies* einen Dokumentarfilm über das Gefängnis zu drehen. Ich war hocherfreut zu hören, daß sie diesen obskuren, frühen Frederick Wiseman-Film kannte, den man wegen seiner quälenden Darstellung der Verhältnisse in einem staatlichen Gefängnis für unzurechnungsfähige Kriminelle in Massachusetts zeitweise verboten hatte. Ich erklärte sofort, daß mir nichts ferner läge, weil ich fände, daß in Patuxent hervorragende Arbeit geleistet würde – ich wollte lediglich die positiven Aspekte schildern. Ich überreichte ihr eine Petition von etwa dreißig Schülern, die sich ein Zustandekommen dieses Kurses wünschten. Sie überflog die Liste und äußerte, daß viele der Unterzeichner die abscheulichsten Verbrechen begangen hatten, aber andererseits die höchsten Intelligenzquotienten unter den Gefangenen besaßen. Dann stellten wir fest, daß wir beide bestimmte Bereiche unserer Karrieren von der William Morris-Agentur vertreten ließen.

Der Psychiater gab zu, daß »Galgenhumor« hinter den Gefängnismauern blühte, war aber besorgt, daß meine Ansichten möglicherweise schlecht sein könnten für die Therapien der Häftlinge. Ich wußte, wie er das meinte, diese Frage hatte mich selbst schon beschäftigt. Immer wenn Gefangene versucht hatten, mich zu schockieren, hatte ich mich bemüht, nicht darauf zu reagieren. »Wer ist denn Ihr neuer Lieblingskiller?« hatte einer gefragt, und ich hatte bewußt eine zurückhaltende Antwort gegeben. Ein anderer Schüler hatte mir einen anonymen Aufsatz zugespielt, den jemand geschrieben hatte, der nicht zur Klasse gehörte. Es war ein ekelerregend anschaulicher Bericht über Vergewaltigung und Erniedrigung, der offensichtlich mit Wonne verfaßt worden war. Da ich die betreffende Person keinesfalls ermutigen wollte, hatte ich drüber geschrieben: »Manche Phantasien sollten lieber unerfüllt bleiben«, und ihn zurückgeschickt. Reinen Gewissens versicherte ich dem Arzt, daß ich meine Grenzen kannte.

Der pädagogische Leiter erklärte, daß man uns die Videoanlage der Strafanstalt zur Verfügung stellen könne. Wir einigten uns, daß alle Videofilme Eigentum von Patuxent bleiben würden und niemals nach draußen gelangen dürften. Er machte Vorschläge, wie der Unterricht strukturiert werden konnte, und gab uns Tips, mit wem wir am Community College von Baltimore, der Förderinstitution des Unterrichtsprogramms, Kontakt aufnehmen sollten.

Da meine eigene Alma Mater mich vor die Tür gesetzt hatte, als mein erstes Studienjahr gerade fünf Minuten alt war, fragte ich mich, ob es formal überhaupt möglich war, eine echte Lehrerstelle zu bekommen. Aber nachdem ich die Leiter praktisch aller Fachbereiche des College gesprochen hatte, merkte ich, daß jedermann am Zustandekommen des Kurses interessiert war und daß es nur darum ging, den Papierkrieg zu führen. Taktvoll fragte der Dekan die Beauftragten von Patuxent: »Sind Sie ... nun, das geht nicht gegen Sie, John ... aber sind Sie sich im klaren über den ... äh ... umstrittenen Charakter seiner Filme?« Alle lachten nur, und presto war unser Kurs genehmigt. Nun war ich tatsächlich Angestellter im öffentlichen Dienst. Können Sie sich das vorstellen?

Als ich anschließend die Formulare ausfüllte, wußte ich nicht, was ich als meine angeblichen College-Abschlüsse eintragen sollte. »Schreiben Sie einfach ›umfassende praktische Erfahrung‹ hin«, sagte man mir, und ich war hellauf begeistert, als ich kapierte, daß ich nun stolzer Besitzer einer akademischen Sofort-Ausbildung war. Ich konnte nicht umhin, mich zu fühlen wie die Vogelscheuche, als sie vom Zauberer von Oz ein Gehirn bekommt.

Da ich jetzt »offiziell« war, mußte ich die Einführungsveranstaltung für Lehrer mitmachen. Wenn ich nicht schon im Inneren des Gefängnisses gewesen wäre, wäre ich entsetzt gewesen. Nachdem man uns für unsere Ausweise fotografiert hatte (der Fotograf war einer meiner Schüler, der frohlockte, als er mich sah), wurden einige neue Lehrer und ich in einen Konferenzraum geführt und über das informiert, was wir zu erwarten hatten. Man gab uns eine realistische, aber doch schaurige Darstellung der »emotional gestörten« Gefängnisinsassen, und dann wurde uns erklärt, wie wir uns im Fall einer Geiselnahme zu verhalten hätten. Unser Gastgeber erzählte uns, daß er selbst einmal während eines Gefängnisaufstandes gefangengenommen worden war und daß, wenngleich man ihn unversehrt freigelassen hatte, ein anderer Lehrer eine bleibende Verletzung davongetragen hatte. Er beschrieb uns einen Code, den wir uns einprägen und ins Telefon eingeben sollten, falls es Krawall gab (vorausgesetzt, man konnte eins erreichen – ich hatte keine Ahnung, wo das Telefon war). Falls das mißlänge, sollten wir uns »den Weg nach draußen freikämpfen«, vorausgesetzt, es schien machbar. Klarer Fall. Ich beschloß sofort, daß ich dann auf Patty Hearst machen, mir einen chronischen Fall von Stockholm-Syndrom zulegen und mit meinen Häschern kooperieren würde. Meine Lehrerkollegen schienen das alles spielend wegzustecken, aber später erfuhr ich, daß in der Vergangenheit andere schon entsetzt geflohen waren.

Ich wollte unseren neuen Unterricht mit einem Knaller eröffnen. Ich war froh, viele unserer alten Schüler zu sehen, die ganz enthusiastisch zu sein schienen über unseren »experimentellen« Kurs, und freute mich, die Neuzugänge kennenzulernen (einer von ihnen hatte sich Tränen tätowieren lassen, die ihm aus dem Auge liefen). Ich fragte mich, warum man gerade sie als aufnahmefähig für unsere besondere Art der Resozialisierung eingestuft hatte. Wir hatten beschlossen, *Desperate Living* vorzuführen, eine meiner Zelluloidscheußlichkeiten, was ein Fehler gewesen sein mag, weil der pädagogische Leiter (einer unserer wichtigsten Unterstützer) beschlossen hatte, die erste Unterrichtsstunde zu besuchen. Er hatte meine Arbeiten noch nie gesehen. Während sich das schwülstige Melodrama um Mortville, eine Stadt von solcher Scheußlichkeit, daß Verbrecher sich entscheiden konnten, dort zu leben, anstatt in ein Gefängnis zu müssen, entwickelte, sah ich, wie er auf seinem Stuhl hin und her rutschte. Die Häftlinge, von denen die meisten schon meine anderen Filme gesehen hatten, reagierten wie gewohnt, aber ich merkte, daß sie nervös auf seine Reaktion achteten. Als die Hauptfigur Mole, eine Lesbe, die sich einer Geschlechtsumwandlung unterzogen hat, ihren/seinen neuen Penis abschneidet und ihn vor die Tür wirft, wo ihn ein Hund frißt, dachte ich, sein Ende wäre gekommen. »Macht's Spaß?« frotzelte ein Knacki. Der Pädagoge schüttelte den Kopf und platzte heraus: »Nein!« O Gott, dachte ich, da haben wir den Salat – am ersten Tag gefeuert.

Die anschließende Diskussion war ergiebig, obwohl die Häftlinge erklärten, daß sie lieber im Gefängnis bleiben würden, als nach Mortville zu gehen. »Wir müssen hier wenigstens keine Ratten essen«, sagte einer. Mit der ersten Hausaufgabe, die ich erteilte, verschlimmerte ich vielleicht alles noch: Jeder Gefangene sollte in die Rolle des Therapeuten schlüpfen, eine Analyse meiner Charaktere schreiben und eine Behandlung empfehlen. »Selbstmord«, witzelte einer, aber die Aufsätze wurden doch recht gut. »Mole scheint manisch-depressiv zu sein mit einer schizoiden Überlagerung in Kombination mit extremer Neigung zum Mord, verbunden mit einer schweren sexuellen Identitätskrise«, schrieb einer. Als der Pädagoge und ich im Anschluß an den Unterricht zum Parkplatz gingen, schaute er mich durchdringend an, zuckte die Achseln und erklärte: »Ich weiß nicht, ob ich Ihnen danken oder Ihnen eine reinhauen soll, John.«

Als ich in der nächsten Woche auf meinem Weg hinein an der Gefängnisdirektion vorbeikam und sie freundlich zu mir war, dachte ich mir, daß ich den Job noch hatte. Solange die Kost nicht ausschließlich aus meinen Filmen bestand, schien es in Ordnung zu gehen. *Wise Blood* stand als nächstes auf der Tagesordnung und kam auch recht gut an, wenngleich ein Schüler meinte: »John, jede Woche hoffe ich, daß es in dem Film mal ein Bild gibt, wonach ich später onanieren kann, aber ich kann einfach keins finden.« Die Klasse schrieb Kritiken über den Film, und einige davon schickte ich dem Produzenten, den ich einmal kurz getroffen hatte. »Nur Sträflinge sollten Kritiken schreiben dürfen«, schrieb er zurück.

Danach zeigten wir *A Streetcar Named Desire* (Endstation Sehnsucht), und das war ein einziger Reinfall. »Erbärmlich« und »schmalzig« waren die wichtigsten Adjektive, mit denen der Film kritisiert wurde. Tut mir leid, Tennessee. Viele Mitglieder der Klasse kamen an dem Tag gar nicht erst, da in der Sporthalle zur selben Uhrzeit *Young Doctors in Love* lief, und der war in der Mundpropaganda gut weggekommen. (Später traf ich den Häftling, der als Filmvorführer arbeitete, und er erzählte mir, daß *The Champ* von allen Filmen, die er gezeigt hatte, am besten angekommen war und *Chariots of Fire* am schlechtesten.)

Unser letzter Film war *Fat City*, der gut aufgenommen wurde, besonders Susan Tyrrells Darstellung einer heruntergekommenen Trinkerin, aber ich dachte mir, daß mittlerweile alle der »Verlierer« überdrüssig wurden, die in unserer Reihe so liebevoll geschildert wurden. Es war an der Zeit, unsere eigene kleine Show zu inszenieren.

Es machte den Schülern wirklich enormen Spaß, sich selbst auf Video zu sehen. Mit Improvisationen fingen wir an. Jeder notierte eine Situation und warf den Zettel in einen Hut; um die Schauspielpartner auszuwählen, wurden Nummern gezogen. Zwei Häftlinge in einer Zelle, der eine soll am nächsten Tag entlassen werden, der andere steht kurz davor, das Gefängnis mit einer selbstgebastelten Bombe in die Luft zu jagen (wie im Gefängnisalltag wurde Verrat nie als Lösung genannt); ein Bruder trifft in einem Restaurant seine Schwester, die vor langer Zeit verschwunden ist, und stellt fest, daß sie durch Geschlechtsumwandlung ein Mann geworden ist. (»Und was ist aus deinen Titten geworden?« »Bücherstützen!«) Einige gingen sogar noch weiter und schrieben einzelne Szenen aus: ein Irrer bekommt in seiner Gummizelle einen Koller; die letzten Worte eines Häftlings, als man ihn auf dem elektrischen Stuhl festschnallt; ein verzweifelter Häftling, der Selbstmord begeht. Nicht alle waren so deprimierend: ein Sketch à la Cheech und Chong, in dem zwei Kiffer ihr Marihuana essen, während ein Polizist ihren Wagen verfolgt; ein Sozialfürsorger, der einen verblüfften Antragsteller anbaggert.

Zu etwa dieser Zeit hatten die Leute von »60 Minutes« freien Zutritt zum Gefängnis, um eine kritische Dokumentation über die Strafanstalt zu drehen. In unseren Unterricht sind sie gar nicht gekommen, was ganz in Ordnung war, da unsere Häftlinge nichts damit zu tun haben wollten – sie fürchteten, daß Zuschauer sie anschwärzen könnten wegen Verbrechen, die sie nicht begangen hatten oder wegen derer sie nicht verurteilt worden waren.

Ich widerstand der Bitte einiger Studenten, am letzten Tag Pornovideos mitzubringen. Statt dessen machten wir mit der ganzen Klasse Massenimprovisationen vor der Kamera: eine Erweckungsversammlung in einem Zelt, die von einem wildgewordenen Prediger geleitet wird, eine Vorschulklasse mit ungezogenen Bälgern und eine vollbesetzte 747 kurz vor dem Aufprall machten den meisten Spaß. Fünfzehn Minuten vor Schluß hatte einer die beste Idee überhaupt. In mein Gedächtnis eingebrannt ist folgende Szene: Der übelste Rohling der Klasse spielt den Nikolaus, und nacheinander setzen sich ihm alle Knakkis auf den Schoß und sagen ihm ihre Weihnachtswünsche. So einen Weihnachtsmann habe ich noch nie erlebt.

Wochen später trafen Harvey und ich uns zum Mittagessen, um uns über unser Projekt auszutauschen. Harvey unterrichtete im Gefängnis, um seinen Lebensunterhalt zu verdienen und war von daher kaum ein Freiwilliger, aber hatte ich mich der »täglichen guten Tat« schuldig gemacht, wie ein Freund meinte? Ich konnte nicht umhin, mich zu fragen, wer mehr von dem Unterricht profitierte – ich oder die Häftlinge? Ich wollte kein billiger Truman Capote sein, der ihre Lebensgeschichten ausbeutet, sich dabei aber die ganze Zeit über ihre Verbrechen echauffiert. Ich mochte diese Leute wirklich. Ich behaupte nicht, daß sie nicht im Gefängnis sein sollten. Ihre Verbrechen sind einfach nicht zu rechtfertigen, aber wer *möchte* denn andererseits schon ein Kinderschänder sein? Wenn sie durchschnittliche Berufskriminelle wären, hätte ich vielleicht eine größere Distanz ihnen gegenüber empfunden, aber diese Burschen waren eben wie viele Leute, die ich kannte. Ich gebe zu, daß es schwierig war, das Gesicht eines Schülers, den ich sympathisch fand, in Verbindung zu bringen mit seinem Verbrechen, und mich dazu zu zwingen, an das Leid zu denken, das er anderen zugefügt hatte, aber was soll man denn nun mit ihm anstellen, da das Verbrechen einmal begangen ist?

Mußte ich mir den Vorwurf machen, daß ich sie »anders behandele, weil sie Häftlinge sind«, wie einer der Schüler sich in seinem Tagebuch fragte? Nun, ja. Ihr Makel macht für mich ihr Geheimnis aus. Warum ist es ihnen passiert und nicht mir? Würde ich sie mögen, wenn sie *keine* scheußliche Tat begangen hätten? Die meisten ja, aber ein paar nicht – ihr Verbrechen war das einzige, was sie bemerkenswert machte.

Harvey und ich spielten Bewährungskommission. Welche von ihnen würden wir freilassen, wenn wir die Verantwortung hätten? Wir waren von uns selbst überrascht, als wir einige der Talentiertesten ablehnten. Seltsamerweise fanden wir, daß die Mörder am ehesten das Risiko wert waren. Da konnte man sagen, was man wollte, es handelte sich um ihre *erste* Straftat. Aber was können sie sagen, um bei der Gesellschaft Abbitte zu tun? »Ich glaube, die einzige Möglichkeit, halbwegs Wiedergutmachung zu leisten für die Leben, die ich genommen habe, besteht darin, ein besserer Mensch zu sein«, hatte einer geschrieben. »Sehen Sie, die Menschen, die ich getötet habe, sind jetzt bis zu meinem Tode ein Teil von mir. Ich habe mir das Recht Gottes angemaßt, und jetzt bin ich für den Rest meines Lebens für sie verantwortlich.« Kann denn überhaupt irgendeine Erklärung genügen? Wenn man zwanzig Jahre lang immer wieder Reue empfindet und zum Ausdruck bringt, verliert es schließlich die Bedeutung. Aber angenommen, die Schüler würden vor unserer Tür stehen? Was dann, fragten wir uns? Wie weit geht dieser Job genau? Um das herauszufinden, bin ich drei weitere Jahre hingegangen.

Süßholz
(101 Dinge, die ich liebe)

Ich bin so elektrisiert vor Lebensfreude, daß ich genau fünf Sekunden, bevor mein Wecker losklingelt, aufwache. Alles ganz allein. Wie ein großer Junge. Ich liege überglücklich da und lasse den besonders schrecklichen Alptraum (1) von kurz zuvor Revue passieren. Denken Sie nur, ich habe den ganzen Tag Zeit für meine Obsessionen. Ich konsultiere umgehend meine Karteikarte (2), auf der ich am Vorabend jeden Schritt des Tages in exakter Reihenfolge aufgelistet habe. Ich kann es gar nicht erwarten, Dinge zu erledigen, damit ich sie abhaken kann und das Gefühl habe, etwas geleistet zu haben. Ich schlüpfe in meine hübsch dekorierten, zu Hausschuhen umfunktionierten Kleenex-Schachteln (3), stampfe in die Küche und komme mir unendlich exzentrisch vor. Wenn Sie mich über die Parkettböden springen und hüpfen sehen würden, würden Sie mich wahrscheinlich für verrückt halten, aber wir wissen ja alle, daß man sich bei Himmel-und-Hölle keinen Fehltritt erlauben darf, und deshalb können wir dieser Tage gar nicht vorsichtig genug sein. Ich werfe einen schnellen Blick auf meine noch nicht angebrochene Stange Kool Mild (4) und fühle mich sicherer. In der Küche bereite ich mir meinen Twining's Prince of Wales-Tee (5) zu, und ich lasse ihn so lange ziehen, daß es richtig weh tut, ihn zu trinken. Hm, lecker. Es ist nicht Wochenende, und deshalb mache ich mir nicht mein Lieblingsherzanfallfrühstück [vierzig Scheiben Speck (6) und vier Liter Milch (7)], aber ich öffne wohl meine Flasche mit Vitamin B (8) und inhaliere den wunderbaren Duft, wobei ich streng darauf achte, daß ich niemals wirklich eine Pille in meinen eigenen Organismus einführe. Ich lese die Morgenzeitung (9) und bete dabei um eine winzigkleine aktuelle Nachricht über den Verbleib der Manson-Familie (10), damit ich den Zeitungsausschnitt in meine umfassende, siebzehn Jahre überspannende Sammlung einordnen kann, die ich in einer speziellen Nische im hinteren Teil eines Wandschranks lagere. Ich höre mir auf meiner Anlage Glenn Gould (11) an und begleite lippensynchron sein wahnwitziges Gemurmel und Brummen im

Hintergrund seiner wunderbar entspannenden Klavierkonzerte. Plötzlich werde ich abgelenkt von kleinen Lichtflecken, die in meinem Blickfeld tanzen, aber ich bin nicht beunruhigt; das ist nur wieder ein alberner LSD-Flashback (12), und diese Dinger können einen Morgen ja so reizvoll machen.

Es ist Zeit, mein Königreich zu inspizieren! Ich möchte nämlich sicher sein, daß nichts geklaut worden ist. Puh, meine Bücher sind wohl unversehrt. Zumindest im Wohnzimmer, wo ich meine ganze Belletristik, die psychologischen Werke, Stücke und literarischen Biographien aufbewahre. Ich ordne sie ohne Unterlaß um, und manchmal gebe ich Lieblingsbüchern dabei auch einen Kuß. »Guten Morgen, James Purdy (13)«, zwitschere ich, »und dir auch, Violette Leduc (14), du Oberwahnsinnige. Hallo, Anne Tyler (15), ich bin ja so froh, daß du in Baltimore lebst und, he, Mr. Hubert Selby jr. (16), warum hast du in letzter Zeit denn nichts geschrieben? Nimm dir ein Beispiel an James M. Cain (17) oder an Jim Thompson (18); die waren produktiv und haben auch nicht immer tolle Kritiken bekommen.« Ich muß mich einen Moment setzen und mich fangen, als mir klar wird, daß Denton Welch (19) nicht mehr unter uns ist. Aber ich wette, daß Ronald Firbank (20) und Baron Corvo (21) ihn am Ende des langen dunklen Tunnels im Jenseits in Empfang genommen haben. »Und ruhe in Frieden, William Inge (22), warum mußtest du das tun? Jean Rhys (23), Jane Bowles (24), Witold Gombrowicz (25), euch vermisse ich auch. Flannery O'Connor (26), du bist absolute Spitze.« Eine Person, die beschrieben hat, daß ihre Obsession, Hühner zu sammeln, so weit gegangen ist, daß sie ihnen glatt Kleider fabriziert hat, finde ich stark. Sie mag berühmt sein, weil sie später Pfauen gezüchtet hat, aber ich werde sie mir immer vorstellen, wie sie *Wise Blood* (27) ausgebrütet und dabei fröhlich Abendkleider für ihre goldigen kleinen Vögelchen genäht hat. Und, lieber Gott, da ist meine ewige Lieblingsschriftstellerin: Grace Metalious (28), Autorin von *Peyton Place,* dem ersten schmutzigen Buch, das ich je gelesen habe (»Der Spätsommer ist wie eine Frau. Reif, voll glühender Leidenschaft, aber launisch . . .«). Sie wurde über Nacht berühmt, worauf sie ihre Tantiemen für Cadillacs und ausgiebige Aufenthalte im Plaza Hotel aus dem Fenster warf, sich von ihrem grundanständigen Gatten scheiden ließ und sich zu Tode trank. Ein Prachtmädel, diese Grace. Zur Inspiration blättere ich rasch durch Freuds (29) *Dora: An Analysis of a Case of Hysteria* (Bruchstück einer Hysterie-Analyse) und *Three Case Histories* (Drei Falldarstellungen: der Wolfsmann, der Rattenmann und der Fall Dr. Schreber) und wünsche mir, ich hätte eine solche »Gabe« zur

Neurose. Ich komme derartig in Stimmung, daß ich den Seiten applaudiere. Tatsächlich, glaube ich, werde ich in den nächsten zehn Minuten vorgeben, der psychotische Dr. Schreber zu *sein*. Da er sich nicht nur für eine Frau, sondern sogar für die Frau Gottes gehalten hat, habe ich wenigstens eine Chance, religiös zu sein.

Ich flitze in mein behagliches »Studierzimmer« und gehe zu meiner kleinen Spielzeugausgabe eines elektrischen Stuhls (30), die mit Batterien betrieben wird und einen bei jeder Berührung elektrisiert. Autsch! Jetzt kann ich in meiner Sammlung von über vierhundert Büchern über wahre Verbrechen (31) schmökern, die gekrönt wird von der zwanzigbändigen *Encyclopedia of Crime* (32), welche ich geringfügig reduziert erstanden habe. Hier kann ich mich auf die schlimmsten Auswüchse des menschlichen Seins konzentrieren. Manchmal spiele ich Strafverteidiger und deklamiere Schlußanträge, die die Todesstrafe verhindern. Haben Sie Interesse an Mary Bell (33), der elf Jahre alten Würgerin, die zu lebenslänglicher Haft verurteilt wurde, bevor sie überhaupt Gelegenheit hatte, Teenager und damit jugendliche Kriminelle zu werden? Was halten Sie von dem Scheusal, das unverdaute Frühstücksflocken aus den Gurgeln seiner toten Opfer gegessen hat (»Die Grenzen der Zurechnungsfähigkeit«) (34)? Oder dem Burschen in England, der so einsam war, daß er seine Bettgespielen tötete, weil er ihre Körper behalten wollte, um mit ihnen zusammen fernzusehen (»Mord der Geselligkeit wegen«) (35)? Ich habe alle, und Sie können sie gern ausleihen, wenn Sie den Schutzumschlag hier lassen, 100 Dollar Pfand hinterlegen, mich jeden Abend anrufen und mir mitteilen, wie weit Sie sind und sie binnen einer Woche mitsamt einer sauber getippten Buchbesprechung wieder abliefern.

Mittlerweile bin ich so ausgetrocknet vor Erregung, daß ich in meine Küche stürme, wobei ich, bevor ich eintrete, keinesfalls vergesse, mich genau dreieinhalbmal auf der Stelle zu drehen, um mir das Glück gewogen zu machen. Ich öffne das Fenster, werfe zwei Pennies hinaus, wünsche mir etwas und gehe zum Kühlschrank. In bin total süchtig nach Wasser (36). Mir ist jede Marke recht, aber Vintage Seltzer Water gebe ich den Vorzug. So perlend, so preiswert und so wohlschmeckend. Mehr als zehn Minuten stehe ich genießerisch da und nippe und denke dabei an einen Mann, über den ich gelesen habe, daß er 600 Pfund wog, weil er »Leitungswasser in rauhen Mengen« trank. Mir ist es bis jetzt noch nicht so ergangen, und ich bin so glücklich, daß ich in Erwägung ziehe, loszuschreien und nie wieder damit aufzuhören. Mittlerweile bekomme ich von meinen Kleenex-Schachteln Blasen an den Füßen, und deshalb glaube ich, daß es an der Zeit ist, mich anzuziehen. Außerdem fühle ich mich einsam.

Aber nicht lange. Guten Morgen, Tina. So früh schon auf, Kim? Dein Haar sieht wunderbar aus, Kathy. »Tina« (37), »Kim« (38) und »Kathy« (39) sind meine Mitbewohnerinnen. Schnöde Realisten werden vielleicht darauf hinweisen, daß sie einfach nur sechzig Zentimeter große frisierte Farrah-Fawcett-Puppen sind, die ich aus Ramschläden gerettet habe, aber das ist nur schwer zu erkennen, da sie bei mir riesige Bienenkorbfrisuren und fetten schwarzen Eyeliner tragen müssen. Für meine ganzen Freunde sind sie ein Jokus geworden. Wenn ich von einer Reise zurückkehre, stelle ich manchmal fest, daß man ihnen blaue Augen und Blutergüsse geschminkt hat, um eine Schändung zu simulieren. Die Situation ist so außer Rand und Band geraten, daß ich sogar schon Weihnachtsgeschenke für sie bekommen habe. Ich bin mit diesen Wesen noch nie aus der Wohnung gegangen, aber vielleicht ist heute der ideale Tag, um zu versuchen, mit einer von ihnen durch die Straßen zu gehen, ohne daß man mich zusammenschlägt. Ich mache es mir unter meiner Lieblingsdecke aus Kaschmir (40) bequem, die Divine mir geschenkt hat, und lese ihnen eine Geschichte vor, nämlich »Chicken Little« (41). Ich lese sie mit Enthusiasmus vor, weil ich 1979 etwa sechs Monate lang davon überzeugt war, Henny Penny zu *sein.* Der Himmel *stürzte* ein, und *ich* spürte es. Zweimal. Aber die Leute wechselten immer das Thema, wenn ich darauf zu sprechen kam. Nur die »Mädchen« nicht. Sie verstehen mich.

Ich spiele schnell eine Runde »Häschen hüpf« (42), hole dann einige meiner Lieblingsspielsachen hervor, und wir spielen eine Weile, wobei meine Euphorie beinahe den Rahmen sprengt. Während ich mich anziehe (Schaust du wohl weg, Tina!), dürfen sie meine »Patronen-Pralinés« (43) »halten«, die Siebenerpackung zu 59 Cent. Stellen Sie sich nur vor, wie Eltern richtigen, lebendigen Kindern die Dinger kaufen und zufrieden zusehen, wie ihre Knirpse die nachgemachte Munition mampfen – »Zuerst ißt du deinen *ganzen* Spinat auf, und *dann* kannst du ein paar Patronen haben.« Ich meine, Kathy lachen zu hören, aber vielleicht irre ich mich. Während ich meine Krawatte (44) binde (das einzige Kleidungsstück, bei dem ich mit der Mode gehe – ich wünschte, man würde die »angesagte« Breite jede Woche ändern, damit ich noch mehr Binder kaufen muß), werfe ich den Mädels die »Schmutzwäsche-Bonbons« (45) zu, deren Verpackung eine Waschmaschine aus Plastik ist. Dreckige Socken mit Zuckerguß! Was für eine Welt, was für eine Welt! Dieses Mal bin ich *sicher,* daß ich Kathy habe lachen hören. Und zwar laut. Ich bin jetzt vollständig angekleidet und perfektioniere meinen »Look«, indem ich mein Lieblingseinstecktuch (46), das von Comme des Garçons, dem albernsten aller »eleganten« Ausstatter, in der Brusttasche meines Sportsakkos plaziere. Außer mir bemerkt niemand, daß diese lächerlich teuren Taschentücher absichtlich mit großen Löchern in der Mitte hergestellt wurden. Sie sind jeden Cent wert. Ich lache so laut, daß mir die Plomben weh tun und stelle fest, daß es Zeit für die Arbeit ist.

Aber zunächst brauche ich noch mehr Wasser. Mit halsbrecherischer Geschwindigkeit rase ich meinen Flur hinunter und schlittere dann auf Socken am Plakat von *The Bad Seed* (47) und an einem gerahmten Porträt von Liberace (48) in seiner Jugend vorbei. Huiiiiii! Während ich gierig schlucke, bin ich kurz hypnotisiert von einem an der Wand hängenden Foto des miesepetrigen und wohl unter Verstopfung leidenden Otto Preminger (49), den in Baltimore ein Bildberichterstatter beim Verlassen der Herrentoilette nach einem offensichtlich erfolglosen Besuch dort überrascht hat. Ich bin jetzt unglaublich inspiriert, nehme einen längeren Anlauf als vorher und rutsche die ganze Länge meines Flurs zurück, schaue dieses Mal nach rechts und bekomme verschwommen das Plakat von Sam Fullers *The Naked Kiss* (50) und eine Studie von Amy Carter (51), der Partnerin für das Rendezvous meiner Träume, mit.

In meinem Büro (52) bin ich am glücklichsten. Ich mag nichts lieber als eine nagelneue Schreibtischkladde (53), fünf identische Bic-Schreiber (schwarz) (54) und drei blitzsaubere gelbe Schreibblöcke (55) (*mit* perforiertem Kopf). Erste Aufgabe – die Kassen der lokalen Kinos anrufen, in denen die peinlichsten Filme laufen, weil ich hören möchte, wie die verärgerten Angestellten die Titel sagen. »Ja, was läuft bei Ihnen, bitte?« »Blutsaugende Mißgeburten«, antwortet die unterbezahlte Kartenverkäuferin gereizt. »Könnten Sie das wiederholen?« »Ich sagte doch Blutsaugende Mißgeburten oder nicht?« schreit sie und hängt ein. Ein Freund, der früher einmal in einem Kino gearbeitet hat, erzählte mir, daß der peinlichste Titel überhaupt, den er laut zu sagen hatte, der des brasilianischen Films *Eu Te Amo* oder übersetzt *Ich liebe dich* war. Jedesmal, wenn Leute anriefen und sich nach dem Programm erkundigten, mußte er »Ich liebe dich« sagen, und manchmal trat ein tödliches Schweigen ein, bis der Anrufer dann einfältig erwiderte: »Wie bitte?« Andere waren nicht so höflich. »Du kannst mich mal am Arsch lecken«, fauchten sie, weil sie glaubten, der Kassierer wolle eine freche Lippe riskieren. »Und ich *hasse* dich«, witzelte einer geistreich, bevor er höflich auflegte.

Jedesmal wenn ich keine Ideen habe, schaue ich auf meine zwei Meter vierzig große Pinnwand (56) gleich neben meinem Schreibtisch und betrachte die vielen Schichten Anschauungsmaterial, das ich über die Jahre angesammelt habe. Es gibt da den Stoßstangenaufkleber mit der Aufschrift »Ich tat es für Jodie« (57), den mir jemand geschenkt hat, nachdem er so blöd war, ihn an seinem eigenen Wagen zur Schau zu stellen. Innerhalb einer Woche bekam er drei Knöllchen wegen Geschwindigkeitsübertretung und konnte partout nicht verstehen, daß, als er seine Unschuld beteuerte, der Bulle nur fauchte: »Mit *dem* Aufkleber an der Stoßstange fahren Sie bei mir immer zu schnell.« Dann goutiere ich das wundervolle, aus der *Las Vegas Sun* stammende Foto von einem riesigen Strauß (58), der, aus dem Zoo ausgebrochen, eine zutiefst bestürzte Frau mittleren Alters die Straße hinunterjagt. Wenn ich ihren entsetzten Gesichtsausdruck sehe, beginnen bei mir die kreativen Säfte immer zu schießen.

Seit einiger Zeit arbeite ich an einer umfassenden Studie mit dem Titel *Die Filme von Randall Kleiser* (59). Ich rechne damit, daß es ein zweibändiges Werk mit insgesamt mehr als dreitausend Seiten wird und hoffe, daß es von einem sehr intellektuellen Universitätsverlag herausgebracht wird. Sie mögen lachen, aber Randall Kleiser ist der perfekte Hollywood-Regisseur. Blasierte Filmfreunde bezeichnen ihn vielleicht als Lohnfilmer, und gewöhnlich wird er von der Kritik auch nicht umjubelt, aber seine Filme spielen ein Vermögen ein. *Grease* (60), sein erster Spielfilm, ist derzeit der zehntgrößte Kassenschlager aller Zeiten. *The Blue Lagoon* (61) hatte als Stars die scheinbar nackte Brooke Shields und den wirklich nackten Christopher Atkins aufzuweisen. *Summer Lovers* (62), das definitive Randall-Kleiser-Werk, ist eine eindrucksvolle Liebesgeschichte mit einer ménage-à-trois, in der es um Charaktere geht, die alle jung, reich, nackt und doof sind. *Grandview USA* (63) ist ein Kleinstadtdrama in der besten Tradition von *Picnic* (64), das im wesentlichen auf einem Demolition Derby (65) spielt. Ich bin Randall Kleiser schon begegnet, und er nimmt meine Lobpreisung immer nur mit Vorsicht an. »Ich weiß nie, ob du es wirklich ernst meinst, John.« Und ob ich es ernst meine. Todernst. Ich halte Randall Kleiser für ein Genie. Ich bin mir nur nicht sicher, ob *er* es ernst meint, wenn er diese wunderbaren Filme dreht. Aber ich denke doch; lieber Gott, ich *hoffe* es jedenfalls.

Mittagspause. Es gibt doch nichts Wonnevolleres als ein Sandwich mit filetiertem Huhn (66), Salat und Mayonnaise. Es muß natürlich ein *echtes* Huhn sein, nicht diese widerliche gepreßte Dosensorte, die genau wie ein Turnschuh schmeckt. Zur Abrundung gibt es Kartoffelchips

(67). Zwölf Stück an der Zahl, um genau zu sein, frisch aus der Tüte. Beim Essen blättere ich *News Media and the Law* (68) durch, eine der besten obskuren Zeitschriften überhaupt, und informiere mich über die ganzen Journalisten, die möglicherweise ins Gefängnis müssen. Falls ich mich ganz besonders forsch fühle, lese ich noch einmal *Pyromania* (69), ein wissenschaftliches Lehrbuch aus dem Jahre 1951 über »pathologische Brandstiftung«, und stelle mir dabei den Pyromanen meiner Träume vor. Er ist seiner Obsession so ergeben, daß er sich geklaute Feuerwehruniformen anzieht und Stunden damit zubringt, in sexueller Erregung einen Pfosten rauf- und runterzurutschen, den er sich in einem geheimen Teil seines Hauses hat einbauen lassen. Als Nachtisch futtere ich einen Zero-Riegel (70), dann springe ich, von Zuckerenergie befeuert, vom Tisch auf und verfalle in einen heißen »Pony« (71). Wenn Chubby schmachtet: »Wenn ich ›los‹ sage, dreht ihr euch nach rechts, wenn ich ›halt‹ sage, dreht ihr euch nach links, und jetzt LOS und jetzt HALT«, können Sie aber darauf wetten, daß ich keinen Patzer mache. Ich habe nun einen neuen Zenit der Ekstase erreicht, und deshalb schlüpfe ich in meine purpurroten, spitzen Wildlederschuhe (72) und beschließe, aus dem Haus zu gehen und die Welt teilhaben zu lassen.

Es ist Herbst (73), meine liebste Jahreszeit, und so stelle ich mich auf die Straße, spüre den wunderbaren Wind (74) und sehe zu, wie die vielen goldenen Blätter um meine Füße wirbeln, während ich mir einbilde, ich würde im Vorspann von *Written on the Wind* (75) genannt. Ich habe immer darum gebetet, einen Tornado (76) in natura zu sehen, deshalb suche ich den Horizont nach etwaigen sich nähernden Trichtern ab. Kein Glück heute. Ich schlage meine Absätze dreimal zusammen in der Hoffnung, daß ein Wunder passiert, erinnere mich dann aber an meine letzte Sehnsucht nach Sturmverwüstungen. Als die Nachrichtensendungen die ganze Ostküste wegen Hurricane Gloria in Panik versetzten, war ich selbst im siebten Himmel. Nachdem ich meine Fenster verbarrikadiert und Taschenlampenbatterien und Kerzen gekauft hatte, war ich auf die Katastrophe vorbereitet. Als ich am nächsten Morgen sah, daß nichts passiert war, war ich am Boden zerstört. »Es war ein Blindgänger«, beschwerte ich mich gegenüber erleichterten Nachbarn, als ich zu meinem Wagen ging, nur um dort festzustellen, daß ein Laternenpfahl umgeweht worden war und mir die Windschutzscheibe zerstört hatte. Es war nicht einmal stürmisch, und in den Morgennachrichten hatte es noch geheißen, daß wir großes »Glück« hatten, daß der Sturm eine andere Richtung eingeschlagen hat. Aber ich war natürlich das einzige Hurricane-Opfer der Stadt. Was *ist* das nur, dieses »Karma«?

Ich trabe in den Gemischtwarenladen (77) auf der anderen Straßenseite, der vom Volksmund »Todes-Imbiß« genannt wird. Alle Waren sind hinter kugelsicherem Glas eingeschlossen; Toilettenpapier, Chef-Boyardee-Makkaroni, selbst billiges Dosenfleisch. Wenn die sehr netten Verkäufer den Schrank aufschließen und einem eine kleine Flasche Haar-Shampoo überreichen, fühlt man sich beinahe, als würde man bei Tiffany's einkaufen. Mineralwasser gibt es dort nicht, aber ich frage zur Sicherheit doch jeden Tag nach.

Auf dem Weg zu meinem Wagen gebe ich mich immer der Hoffnung hin, einmal einem Fremden zu begegnen, der vom Tourette-Syndrom (78), dem unbezähmbaren Drang, in der Öffentlichkeit Obszönitäten herumzuschreien, befallen ist. Ich halte mich für einen verkappten Tourette-Fall. Ich war noch nie Zeuge eines echten Anfalls, aber vielleicht wird meine Phantasie ja eines Tages Wirklichkeit. Ich gehe also zu meinem Wagen und komme an einer netten, alten Dame mit Kostüm, Hut, weißen Handschuhen und ordentlichen Schuhen vorbei. Plötzlich wird sie von der Krankheit gepackt und brüllt, daß es weit und breit zu hören ist: »Leck mir mein großes Loch, du Schweinepriester.« Dann fängt sie sich wieder: »Ach, verzeihen Sie. Es tut mir ja so leid. Ich habe es nicht so gemeint. Bitte, verzeihen Sie mir.« Und dann geht sie einfach wieder ihrem Tagewerk nach.

Sobald ich in meinem Wagen sitze, setze ich meine wirklich erstklassige Sonnenbrille (79) auf, in der Gewißheit, daß ich tatsächlich ein Filmregisseur *bin*. Ich trage seit Jahren dasselbe Modell; sollte die Produktion je eingestellt werden, muß ich mich vielleicht blenden, um die einzige akzeptable Alternative tragen zu können – Blindenbrillen wie Ray Charles sie trägt. Manchmal halte ich fünf- oder sechsmal am Tag am Geldautomaten (80) an. Einzahlung von 8 Dollar, abheben von 9 Dollar. Überweisung vom Sparkonto auf das Girokonto – 12 Dollar. Ich bin gar nicht glücklich darüber, daß die Maschine kein Kleingeld ausspucken kann. Da Zigaretten in Baltimore 1,05 Dollar kosten, muß ich nämlich zwei Dollar abheben, und dann komme ich mir lächerlich vor mit den restlichen Kröten. Heute hebe ich 15 Dollar ab, fühle mich reich, und prompt habe ich Lust, das Geld auszugeben. Ich könnte zum Buchladen gehen, den Wareneingang stürmen und noch ungeöffnete Kartons aufreißen, um zu sehen, ob die in *Publishers Weekly* annoncierten Bücher schon heraus sind. Aber man hätte mich angerufen, wenn *How the Pope Became Infallible* (81) eingetroffen wäre. Und das Antiquariat hat mir *immer noch nicht The Making of »The Other Side of Midnight«* besorgt. Dann kann ich diese Station auch ausfallen lassen.

Ich gehe in den schicksten Laden der Stadt, »Recreation Novelty Company« (83), ein Scherzartikelgeschäft, das bei den örtlichen Aficionados besser bekannt ist unter dem Namen »The Hardy-Har«. Da gibt es einfach alles. Während ich in Mortadella-Kaugummi, Stinkbomben, Furzkissen, Eiswürfeln mit darin eingebetteten Fliegen, wasserspritzenden Ansteckblumen, künstlicher Kotze und Hundekot (drei verschiedene Sorten) herumstöbere, beschließe ich, ein kleines Experiment zu machen. Ob man hier wohl nachgemachte Nasenpopel führt? Kann es sein, daß die allen Ernstes irgendwo fabriziert werden? »Entschuldigen Sie, Madam«, sage ich zu der Scherzexpertin, die den Laden seit Jahren führt, »ich weiß nicht, wie ich es taktvoll sagen soll, aber führen Sie künstliche Rotze?« Bevor sie antworten kann, hat ein alter Idiot, der im Silly Putty wühlt, das aufgeschnappt, seinen überschüssigen Schleim in die Nasenlöcher gezogen und brüllt: »Hier, ich habe welchen, den können Sie ganz billig haben!« Ich bin gar nicht amüsiert, ignoriere diesen fehlgeschlagenen humoristischen Versuch und versuche, die ernsthafte Konversation fortzusetzen. »Früher haben wir es geführt«, sagt sie, ohne mit der Wimper zu zucken, »aber wir haben es schon seit Jahren nicht mehr auf Lager.« Leicht enttäuscht erstehe ich statt dessen einen von diesen aufziehbaren Händedruck-Vibratoren (84) und frage mich, ob ich wohl den dicken Nerv hätte, ihn zu benutzen, wenn ich dem Chef eines großen Hollywood-Studios die Hand schüttele.

Ich gehe lieber wieder nach Hause, weil ich nämlich Durst habe und Wasser trinken eine viel zu intime Verrichtung ist, um sie irgendwo anders als in der Abgeschiedenheit der eigenen Küche zu erledigen. Während ich so dahinfahre, natürlich immer im Banne des »toten Winkels« (85) im Rückspiegel, höre ich die Radiowerbung für *Godzilla* 86, den besten Film der letzten Zeit, und freue mich wie ein Schneekönig. Ich könnte mich totlachen. Bin beinahe fröhlich. Ich habe doch ein irres Glück, als Erwachsener eine glückliche Kindheit zu erleben. Beim Betreten meines Gebäudes denke ich an das einzige andere Apartment auf der ganzen Welt, das ich lieber haben möchte – das in *Rope* (87), Alfred Hitchcocks bestem Film. Diese künstliche New Yorker Skyline vor dem Fenster mit der sich verändernden Beleuchtung ist die zauberhafteste Kulisse der Filmgeschichte. Wenn ich reich bin, kann ich vielleicht meinen Art Director Vince beauftragen, eine ähnliche Skyline von Baltimore zu konstruieren, die dann vor meinem eigenen Fenster montiert werden muß. Mein Ausblick ist recht gut, aber ein künstlicher wäre noch besser. Wenn ich darüber nachdenke, wünsche ich mir, mein ganzes Leben wäre ein trompe l'oeil.

Ich habe keine Zeit, den ganzen Tag am Herd zu stehen, und deshalb mache ich mir mein liebstes Schnellgericht: sehr dünn geschnittene Kalbsleber (nicht durchgebraten) (88), Radieschenröschen (89) und fünfundzwanzig Sellerieherzen (mit Salz) (90). Ich höre mir »Gloria Spencer, der Welt gewichtigste Gospelsängerin« (91), an und lese zum wohl fünfhundertsten Mal den Begleittext auf der Rückseite der Plattenhülle: »Gloria ist einen Meter achtundfünfzig groß und wiegt 625 Pfund. Ihre Schwester wog 628 Pfund, als sie starb, und Sie werden in einem von Glorias Songs auf diesem Album die Geschichte ihrer schwarzen Schwester hören und daß zwanzig Männer nötig waren, um ihren Sarg zum Friedhof zu tragen. Gloria hat sich von ihrem Gewichtsproblem nicht daran hindern lassen, ein normales, glückliches Leben zu führen. Vor gar nicht langer Zeit lernte sie Reverend David Gray kennen und heiratete ihn. Obwohl er nur 135 Pfund wiegt, scheinen sie das ideale Paar zu sein. Gloria hat auch die ungewöhnliche Begabung, mehr als einhundert Worte pro Minute zu tippen!!« Zum Nachtisch genehmige ich mir noch einen Zero-Riegel, dieses Mal gefroren. Ich hoffe, *ich* bekomme keine Drüsenkrankheit.

Der Tag geht zu Ende, und da ich gern bei Morgengrauen aufstehe, springe ich in mein Bett und schaue den Fernseher an. Natürlich ohne das Gerät einzuschalten. Ich habe mir überhaupt nur eins zugelegt, damit ich meine Lieblingssendung »Lie Detector« (92) mit F. Lee Bailey in der Hauptrolle ansehen konnte. Da waren jeden Abend prominente Kriminelle zu Gast und versuchten, ihre Unschuld zu beweisen. Carol Ann Fugate (93) ist sogar einmal da gewesen. In den meisten Fällen bestätigten die Testergebnisse des Lügendetektors ihre Angaben, aber am schönsten war es, wenn sie es nicht taten. »Sie Lügner!« brüllte F. Lee dann den verblüfften und verlegenen Ganoven an. Aus irgendeinem Grund wurde die Sendung eingestellt. Ich weiß wirklich nicht, warum. Um die Einschaltquoten zu heben, habe ich sogar einen Freund dafür bezahlt, sein Formular zu fälschen und zu behaupten, er sähe sich die Sendung jeden Abend an.

Ich hatte immer den Wunsch, einmal ein Fernsehgerät aus dem Fenster zu werfen und zu hören, wie es sieben Etagen tiefer zerschellt, aber immer wenn ich Freunde dazu überredet hatte, kniffen sie im letzten Moment. Ich behalte das Gerät für den unwahrscheinlichen Fall, daß die alte »64 000-Dollar-Frage« (94) wiederholt wird (die Sendung, die manipuliert war und in den späten fünfziger Jahren für den Skandal gesorgt hat).

Es ist langsam Zeit, Heia zu machen, und deshalb bereite ich mir einen großen Becher Ovomaltine (95) zu und schlüpfe unter die Bettdecke. Lieber Gott, war das ein schöner Tag. Hoppla, ich habe vergessen zu beten. Ich knie flink neben meinem Bett nieder und danke Gott, daß ich im katholischen Glauben erzogen wurde. Sex wird so nämlich immer besser sein, weil er immer schmutzig sein wird. Ich bete schnell und ziemlich eindringlich: »Bitte, Gott (96), laß nicht zu, daß John Simon wieder anfängt, in der Zeitschrift *New York* Filme zu besprechen, bevor mein nächster Film anläuft, und Herr, könntest Du es bitte machen, daß ich mir einen nagelneuen schwarzen Buick und einen Fotokopierer leisten kann? Und wenn Du schon einmal dabei bist, könnte doch vielleicht ein unbekannter Roman von Genet (97) entdeckt und veröffentlicht werden. Und ich verspreche, schön brav zu sein, wenn Du es machst, daß Larry Layton (98) im anstehenden Prozeß um den People's Temple freigesprochen wird. Ist das ein Angebot?« Plötzlich werde ich ganz ungeduldig und rufe aus: »Gott, gib mir irgendein Zeichen, wenn es dich wirklich gibt!« Vor meinem Fenster kracht ein Blitz (99), und ich habe ein ulkig-sonderbares Gefühl. Ich springe in mein Bett und bin angenehm überrascht, als schnell hintereinander fünf oder sechs Leute, die ich liebe (100) anrufen und fragen, wo ich den ganzen Tag gesteckt habe. Ich informiere sie über meine fanatischen Vergnügungen und höre mir ihren ganzen Tratsch an, in der Hoffnung, ihnen ein oder zwei Witze klauen zu können. Nachdem ich eingehängt habe, spüre ich, wie ich von einem inneren Frieden erfaßt werde. Ich freue mich jetzt sogar auf das Älterwerden (101). Schließlich gehöre ich zur Baby-Boom-Generation, und wir werden immer in der Mehrheit sein und die Einstellung der Öffentlichkeit zum Altern im Griff haben. Senioren werden modern sein im frühen einundzwanzigsten Jahrhundert. Ich habe mich schon entschlossen, meinen Schnurrbart nach meinem fünfzigsten Geburtstag blau anzumalen. Um meinem Image eine sanfte Note zu verleihen. Wie ich mich auf diesen Tag freue.

Tingeln

Wenn man wie ich für den Arbeitsmarkt nicht verwendungsfähig ist, muß man sich andere Mittel und Wege einfallen lassen, um sein Einkommen zu verbessern. Mein Gewerbe ist es manchmal, »zwischen zwei Filmen« zu sein. Ich habe mit Müh und Not die High School geschafft, kann nicht Schreibmaschine schreiben, ohne immer auf die Tastatur zu schauen, mein technisches Geschick ist so gering, daß es mir Schwierigkeiten bereitet, ein Gerät einzustöpseln, ich würde andauernd in Schlägereien verwikkelt werden, wenn ich im Einzelhandel arbeiten würde, und ich bin ein echter Waschlappen, wenn es um körperliche Arbeit geht. Stütze ist verlockend, aber die bekommt man heutzutage nur noch, wenn man Kinder hat. Das einzige, was ich wirklich kann, ist quasseln. Deshalb hatte ich sofort den Wunsch, mit meiner Nummer auf die Reise zu gehen – mich der modernen Variante des Vaudeville-Theaters anzuschließen – Vortragsreisen. Tingeln zu gehen, um mir meine Brötchen zu verdienen. Aus dem Weg, Sammy Davis jr., ich muß meine Miete bezahlen. Achtung, Vegas, ich komme.

Schon als Teenager wollte ich im Vaudeville auftreten, und ich habe regelmäßig die Schule geschwänzt, um in der Innenstadt von Baltimore das »Gayety Burlesque« zu besuchen. Eigentlich war Blaze Starr mein Idol, aber die trat in ihrem eigenen Etablissement, dem »2 O'Clock Club« auf, dort wurden Minderjährige nicht eingelassen. Jahre später habe ich versucht, Blaze (die immer noch in Baltimore lebt) dazu zu bringen, eine Rolle in einem meiner Filme zu spielen. Sie lebt sehr zurückgezogen, und es ist schwierig, Kontakt mit ihr aufzunehmen, aber ich fand schließlich ihre Schwester, die als ihre Agentin fungiert. »Muß sie sich ausziehen?« wollte die sofort wissen. »Nein«, antwortete ich ganz fest, weil ich bedachte, daß Blaze mittlerweile in den Sechzigern sein mußte. »Ach so, dann wird sie kein Interesse daran haben«, erklärte ihre Schwester und hängte sofort ein. Ich hätte es wissen müssen. Legendäre Stripperinnen setzen sich nie wirklich zur Ruhe; sie *müssen* ewig zeigen, was sie haben, selbst wenn es niemand sehen will. Ich wünschte, alle Menschen der Welt wären Stripper. Von mir abgesehen natürlich.

Das »Gayety« war ein echtes Vaudeville-Theater, eine wahre Augenweide, und man ließ dort jeden ein, ganz egal welchen Alters. Die Show war vollkommen – renommierte Stripperinnen wie Kim DiMilo, Libby Jones und Irma The Body; Komiker in drolligen Clownshosen, ein Orchester und Varietenummern, die, verglichen mit den heutigen »Live Shows«, hohe Kunst waren. Die Stripperinnen durften nicht *alles* ausziehen, aber sie umgingen dieses Gesetz, indem sie ihre G-Strings abnahmen und sie um die Taille banden. So konnten sie sie im Falle einer Razzia (die es regelmäßig gab und die meine wöchentliche Aufregung nur noch steigerte) schnell wieder überstreifen.

Meine liebste »exotische Tänzerin« der Stadt war Zorro, ein sehr maskulines Mädchen von um die Ecke, das genau wie Victor Mature aussah. Wenn sie ihr Cape und ihre Maske abgelegt hatte, stampfte sie nackt auf der Bühne herum, verhöhnte zutiefst geringschätzig das Publikum und fauchte: »Was gibt es da zu gucken?« Die Männer liebten sie aus Gründen, die zu verstehen mir nie vergönnt war. Ich bin sicher, daß Zorro, wenn man sie nur etwas ermutigt hätte, als Mitbringsel für die Ehefrauen zu Hause sehr gern das eine oder andere Z in jedes der Gesichter geritzt hätte. Zorro muß jetzt Ende Vierzig sein, und ich wette, daß sie jedesmal, wenn sie das Glück hat, die Titelmelodie der Fernsehserie zu hören – »Aus dem Dunkel/im Vollmond-Funkel/ kommt ein Reiter namens Zorro« (»Out of the night/When the full moon is bright/Comes a horseman known as Zorro«) –, in irgendeiner Vorstadt von Baltimore aus ihrem samtüberzogenen Lehnstuhl springt, ganz ungestüm imaginäre Zs in die Luft schneidet und sich dabei in nostalgischer Ekstase die Klamotten vom Leib reißt.

In einigen der Stripschuppen wurden zwischen den Nummern routinemäßig »FKK«-Filme gezeigt, die nachhaltigen Einfluß auf mich hatten. Da heute noch alle möglichen Arten schlechter Filme angesagt sind, wünschte ich, man würde dieses ach so ignorierte, wunderbare Genre wiederaufleben lassen. *The Isle of Levant, The Garden of Eden, Naked Island, Nature Camp Diary, Mr. Peek-A-Boo's Playmate* – auf ihre eigene kleine Art alles Klassiker. Glückliche, gesunde Idioten mit retouchiertem Schritt auf Pogostöcken hielt ich für sexy. In New York sind mir ein paar Geschäfte aufgefallen, die ernsthaft die Zeitschriften jener Periode sammeln, aber noch kein einziges Mal habe ich irgendwo in der Welt eine Retrospektive von FKK-Filmen gesehen. Na los, Filmabteilung des

Museum of Modern Art, hör auf, während der Arbeit zu dösen! Es ist deine Pflicht und Schuldigkeit, diese peinlichen Klassiker zu retten, bevor das Nitrat vollkommen zu Staub wird.

In den Achtzigern ist nicht mehr viel übrig von der Tingeltangelszene, aber gelegentlich gehe ich noch hin. Über das ganze Land verstreut erhalten sich immer noch einige von den großen Häusern am Leben, aber nur mit Müh und Not; hauptsächlich dienen sie als Vorwand, um Pornostreifen zeigen zu können, und die Stripperinnen machen sich nicht einmal mehr die Mühe zu strippen. Sie kommen nackt *heraus*, bringen eine Gymnastikmatte und eine Flasche Handlotion mit und geben sich gleich ziemlich ekelhaft. Manchmal ist es so schlimm, daß es schon wieder ulkig ist. Vor ein paar Jahren bin ich in eine der letzten Striptease-Shows gegangen, die Baltimore noch geblieben sind, gleich gegenüber vom längst geschlossenen »Gayety«. Innen drin hatte es ungefähr 38 Grad. Außer mir waren drei weitere zahlende Kunden da. Die erste Stripperin kam heraus: Sie war tätowiert, hatte schmutzige, nackte Füße und einen ziemlichen Bauch. Während ihres Auftritts ignorierte sie das Publikum vollkommen und unterhielt sich statt dessen lautstark mit ihrer Freundin, die hinter der Bühne auf sie wartete. »Hey, Crystal«, brüllte sie mit breitem Baltimore-Akzent in die Dunkelheit, »gehn wer rüber zu Sylvia's? Paar Bier trinken!« »Gut«, schrie Crystal, »is gebongt. Mach voran. Wir müssen längst da sein.« »Echt, jetzt schon. Ich hab' noch nich Feierabend. Ich kann hier erst um zehn weg«, knurrte sie ihrerseits, während sie die ganze Zeit für das jämmerlich dünngesäte Publikum obszön rotierte. Als sie endlich fertig war, ging sie schnell ab und wurde durch ein anderes »Talent« ersetzt, welches, wie ich bald merkte, sternhagelvoll war. Sie konnte kaum gehen, stand verwirrt da, murmelte unzusammenhängendes Zeug und kämpfte mit den Knöpfen an ihrem Outfit. Als sie schließlich nackt war, taumelte sie gefährlich nah an den Bühnenrand und bekam offensichtlich einen Drehwurm. Die zwei alten Männer, die ganz vorn saßen, zogen sich hastig in die Sicherheit der dritten oder vierten Reihe zurück. Plötzlich stürmte der Geschäftsführer herein und legte los: »Okay, Tammy, du fliegst raus! Ich hatte dir verboten, auf die Bühne zu gehen! Pack deine Sachen und hau ab!« Tammy stand konfus da, kapierte endlich, zeigte ihm den Mittelfinger, fiel prompt von der Bühne und verlor das Bewußtsein. »Lieber Gott im Himmel«, schrie der Geschäftsführer, während er nach vorn eilte und versuchte, ihr totes Gewicht hinauszuschleppen. Ich schloß mich der Handvoll Herren an, die eilig den Ausgängen zustrebten, aber ich muß gestehen, daß diese Show auf ihre ganz spezielle Art durchaus mithalten konnte mit den von mir innig geliebten Tagen im »Gayety Burlesque« von ehedem.

Ein Stück weiter die Straße hinunter auf Baltimores »weltberühmtem« Block befindet sich der letzte verbliebene Stripschuppen der Stadt mit »Klasse«, der »2 O'Clock Club«. Blaze hat ihn vor Jahren verkauft, aber die neuen Besitzer bemühen sich, die Atmosphäre am Leben zu halten. Als ich das erste Mal wieder hinging, war ich begeistert, als ich sah, daß eine alte Kindheitsfreundin aus Lutherville, Maryland, die Hauptattraktion unter den Stripperinnen war. Was um alles in der Welt mochten ihre Eltern denken, fragte ich mich. Sie führte mich in die Garderobe und zeigte mir stolz all ihre teuren Bühnenkostüme und stellte mich den anderen Mädels vor, von denen einige, wie ich bald merkte, früher Jungs gewesen waren oder es von der Taille abwärts immer noch waren. Die angesäuselten Geschäftsleute im Publikum hatten keine Ahnung, daß die »Partnerinnen«, welche sie zwischen den Darbietungen zu Drinks einluden und manchmal auch küßten, früher vielleicht einmal Leroy geheißen hatten. Eine hatte eine erstaunlich qualifizierte Nummer: Sie legte sich zunächst mit dem Bauch flach auf den Boden, wobei sie ihre Knöchel um die Beine eines Stuhls hakte. Der Schlagzeuger legte einen Wirbel hin, und dann machte sie plötzlich einen Salto in der Luft und landete irgendwie auf dem Stuhl sitzend in der Mitte der Bühne. Tadamm! Donnernder Applaus. Ich fand sie großartig, war aber noch mehr beeindruckt von Baby Buns, einer dreihundert Pfund schweren Varietékünstlerin, die mit ihren Riesenbrüsten tatsächlich einen Barhocker aufhob und so über die Bühne stolzierte. Meine Freundin, die Hauptattraktion, trat als letzte auf, und sie war wirklich gut – professionell, sexy und, wie in der guten alten Zeit, stolz darauf, ein Varietéstar zu sein. Ich wünschte, sie könnte mit mir auf die Reise gehen und meinen Auftritt in Colleges und Programmkinos eröffnen. Gemeinsam könnten wir richtig Putz machen.

Jahrelang bin ich herumgefahren und habe für meine Filme »Promotion« gemacht, was praktisch bedeutet, daß man eine bezahlte Vortragsreise macht. Manchmal meine ich, daß ich nur noch wegen der Nebeneinnahmen in Form von kostenlosen Flugtickets versuche, einen Film auf die Beine zu stellen. Von Rio bis Kent State, Ohio, habe ich die Welt gratis zu sehen bekommen. Die einzige Gästeliste, die relevant ist, ist die der Fluglinien, besonders wenn es nach Europa geht. Ich bin ja nicht gerade ein Rucksacktourist, aber wenn mir jemand die Hand hält, mir die Sprache übersetzt und das Essen bezahlt, rede ich über alles und beantworte die immer gleichen alten Fragen, bis das Klingeln meiner eigenen Stimme in meinen Ohren die reine Folter ist. Ich kann sogenannte Prominente einfach nicht verstehen, die es für unter ihrer Würde halten, für ihre Arbeiten Promotion zu machen. Wollen sie denn nicht, daß die Leute sie sehen? Kapieren sie nicht, daß Publicity kostenlose Werbung ist? Es heißt schließlich *Show*-Busineß. Fühlen die sich gar nicht geschmeichelt, wenn sich jemand für sie interessiert?

Ich bin sogar eine Woche in Island gewesen. Beim Reykjavik Film Festival. Noch dazu im tiefsten Winter, wenn es nur ein paar Stunden am Tag hell ist. »Du bist wahnsinnig«, sagten mir Klugschwätzer aus dem Showgeschäft. »In dem ganzen Land gibt es nur eine Handvoll Filmtheater. Da kannst du kein Geld verdienen.« Aber jeder Ort, wo sowohl Hunde als auch Bier gesetzlich verboten sind, scheint mir okay zu sein. Meine Gastgeber waren charmant, selbst die sehr korrekte Dame von der Festival-Leitung, die mich höflich begrüßte mit dem Satz: »Wie ich höre, sind Ihre Filme ganz scheußlich.« Ich habe nie herausgefunden, ob sie nun von brutaler Offenheit war, oder ob bei der Übersetzung etwas verlorenging, aber ich habe ihr trotzdem gedankt. An dem betreffenden Abend meinten die Festival-Organisatoren, mir ein wenig von meiner eigenen Medizin zu schmecken geben zu müssen. Wir besuchten ein nobles Restaurant, das sich auf die traditionelle isländische Küche spezialisiert hatte. Der Hauptgang war ein Schafskopf, und der Pfiff war, daß man die Augäpfel essen mußte. »Paß dich immer der jeweiligen Landessitte an«, hatte mir meine Mutter geraten, als ich ein Kind war. Ich erinnerte mich daran und versuchte, kein Widerstreben zu zeigen. Alle warteten mit offensichtlicher Schadenfreude ab, während ich ihre Anweisungen hinsichtlich des Verzehrs befolgte. Zuerst quetscht man die Augenhöhle heraus und ißt sie, wobei man sich zum Clou des Ganzen vorknabbert – dem Augapfel an sich. Verdammt, was soll's, dachte ich, während ich den Knorpel zu schlucken versuchte. Runter mit dem Ding. Ich steckte mir den Augapfel schnell in den Mund, biß zu und spürte eine Explosion ähnlich wie bei einer Cocktailtomate. Bier mag ja illegal sein, aber Brenavin, der leckere isländische Likör, ist erlaubt. Ich ließ das Dessert also ausfallen und kippte schnell ein paar.

Manchmal kommen die Einladungen aus den eigenartigsten Ecken. Ich war zu einem Filmfestival in Mailand eingeladen, das zum Teil von der Kommunistischen Partei gesponsert wurde, man wollte bei den Wahlen einen Draht zu den Jungwählern haben. Nach meiner Ankunft erkannte ich schnell, daß die italienischen Kommunisten nicht dem Klischee entsprachen – sie verliebten sich nicht in ihre Traktoren und so weiter. Sie trugen Armani-Anzüge, speisten in feinen Restaurants und waren unglaublich großzügige Gastgeber. Wir bekamen sogar »Essensmarken«, die nur in den etepetetesten und besten Restaurants von Mailand angenommen wurden. Der einzige Schwachpunkt war das »Hotel«, in dem die Gäste der Kommunisten untergebracht waren – es war nicht annähernd die »Zelle«, die ich befürchtet hatte, aber ein pulsierender Treff für Nachtschwärmer war es auch nicht gerade. Das Personal haßte die amerikanischen Filmregisseure; vielleicht sahen wir nicht aus wie der Typ Mensch, der genug über »die Regierung« nachdenkt. Ich bemühte mich, ernst zu sein, wenn ich zwischen den Vorführungen im Foyer wartete; aber gelegentlich mußte ich doch manisch loslachen, und dann bekam ich sofort Schuldgefühle.

Monate vor meiner Reise nach Italien hatte ich mit einem italienischen Freund meiner Schwester zusammengearbeitet, der einen Dokumentarfilm über mich machen wollte. Die großen Stars des Films sind meine Eltern. Man hatte uns gesagt, daß der Film ausschließlich für das italienische Fernsehen produziert und in Amerika nie gezeigt werden würde. Leider waren die meisten meiner Filme in Italien verboten, und deshalb war dort auch niemand groß interessiert an dem Porträt eines Filmregisseurs, dessen Filme im Lande noch nie gelaufen waren. Statt dessen kam es in Amerika heraus. Es ist unmöglich, sich eine Dokumentation über sich selbst anzuschauen, ohne sich tot zu fühlen. Ich kam mir vor, als würde ich in meinem Sarg liegen und zuhören, wie meine Familie und meine Freunde draußen über mich reden. Ein- oder zweimal hat mein Verleiher den Film in Amerika mit einem meiner Vorträge gekoppelt, aber es war für mich zu nervenaufreibend, hinter der Bühne zu warten und die Stimme meiner Mutter in den Saal dröhnen zu hören. Allerdings ließ ich mir die ideale Art und Weise einfallen, wie man ihn an den Mann bringen könnte: In jeder Stadt könnte man auf der Bühne eine genaue Nachbildung des Eßzimmers meiner Eltern aufbauen; Mom und Dad könnten mich auf meinen Reisen begleiten, und dann würden wir die Streitereien wiederholen, die wir über die Jahre gehabt haben. Als ich diese Möglichkeit erwähnte, haben sie nicht einmal gelacht.

In Paris fühlte ich mich wie ein Weltmeister. Jean-Pierre Jackson, ein Franzose, der schlechten Geschmack auf den ersten Blick erkennt, hatte mein erstes Buch *Shock Value* übersetzt, und die französische Ausgabe wurde unter dem Titel *Provocation* herausgebracht. Er organisierte eine Retrospektive meiner Filme in der Cinémathèque Francaise und startete in seinem eigenen kommerziellen Kino *Female Trouble*. Ich war entzückt, schlechten Geschmack in einem Land verbreiten zu können, das für seinen guten Geschmack bekannt ist. Man stelle sich meine Enttäuschung vor, als ich zu meiner Premiere kam und vor einem anderen Filmtheater auf der *gegenüberliegenden* Straßenseite eine viel längere Schlange sah. »Was läuft denn da?« fragte ich Jean-Pierre verstimmt. »Frei übersetzt würde der Titel *Sie lecken von hinten* lauten«, antwortete er. Wieder einmal im Abseits.

Natürlich war der sehr kreative Penner, der während des Cannes Film Festival vor meinem Hotel wartete, durch nichts zu übertreffen. Als ich vor die Tür trat, rief er: »Monsieur Waters«, rammte sich eine Nadel durch den Hals, streckte die offene Hand aus und sagte: »Fünf Francs, s'il vous plaît.« Ich war so entsetzt, daß ich ihm kein Geld gegeben habe, obwohl er, wenn ich es mir genau überlege, viel mehr verdient hatte als er haben wollte.

Wenn ich durch Amerika reise, bekomme ich immer die schlimmsten touristischen Sehenswürdigkeiten zu Gesicht und lerne nur die falschen Leute kennen. Aber dieses Mal wurde ich bezahlt für die »Promotion«. Als ich mit »Ein Abend mit John Waters« auf Tour ging, eilte mir mein Ruf voraus, und die ganzen wundervollen Wahnsinnigen, die meine Filme über Jahre hinweg unterstützt hatten, tauchten in den Kinos auf und boten mir an, mich zu den örtlichen Sehenswürdigkeiten zu führen, welche die jeweilige Handelskammer zu verheimlichen suchte. In Atlanta wurde ich sofort zu der Straßenecke gelotst, wo Margaret Mitchell von einem Taxi überfahren wurde. Als ich in Chicago in meinem Hotel eintraf, stellte ich fest, daß ein Fan schon eine handgezeichnete, detaillierte Karte deponiert hatte, die den Weg zum ehemaligen Zuhause des Massenmörders John Wayne Gacey wies. Ich hatte den Verdacht, daß es sich um denselben kleinen Racker handelte, der mir in einem ordentlich etikettierten Musterglas eine Bodenprobe von Gaceys Rasen geschickt hatte. Ich wollte mich bei diesem geheimnisvollen Fan bedanken, weil sein Geschenk monatelang in meinem Bücherregal gestanden und meine Besucher entsetzt hatte. Es zog sogar eine ganze Gacey-Sammlung nach sich, von der ich gar nicht recht wußte, ob ich sie überhaupt haben wollte. Einer meiner besten Freunde in New York, der auch etwas morbid und verschroben ist, hatte Gacey in die Todeszelle geschrieben und bei ihm ein Original-Ölgemälde von der Hexe in Disneys »Schneewittchen« bestellt. Ich bekam es zu Weihnachten geschenkt. Es war so grausig, daß selbst ich Skrupel hatte, es aufzuhängen, und ich konnte es gar nicht erwarten, meinem neuen Freund in Chicago davon zu erzählen. Nach meiner Show gingen wir etwas trinken, und es war ganz reizend. An Abenden wie diesen dankt man dem Herrn, daß man lebt.

Mein Aufenthalt in Portland machte mich nervös, weil ich befürchtete, es könnte so werden, als sei man mit den verschnarchten »Secaucus Seven« eingesperrt. Zu meiner großen Erleichterung war weit und breit kein Stirnband zu sehen, und es stellte sich heraus, daß es eine der besten Städte meiner Tour war. Ich hatte sogar ein Vorprogramm, aber es war kein Jongleur oder Akrobat, wie ich erwartet hatte. Es war ein Transvestit. Ein ganz ausgezeichneter, aber mein Publikum ist ein wenig darüber hinweg. Damenimitatoren kommen mir so abgedroschen vor, daß ich mich dabei immer fühle wie ein Neger, der sich eine Minstrel Show anschaut. Ich habe nie verstanden, warum irgend jemand den Wunsch haben kann, Barbra Streisand, Charol Channing oder Diana Ross zu imitieren oder gar zu sein. Also, wenn Janet Flanner, Pauline Kael oder auch Mutter Theresa dargestellt würden, würde ich es vielleicht verstehen.

Die wahrscheinlich bizarrste Einladung, die ich je erhalten habe, kam aus dem Weißen Haus. Aus Reagans Weißem Haus wohlgemerkt. Für meinen Wanderzirkus war ein Auftritt im Biograph in Washington, D. C., angesetzt, und in der Woche davor bekam ich einen Anruf von einem politischen Berater des Präsidenten. Er war ein Freund des »exploitation film«, und er lud mich für den Tag nach dem Beginn meiner Retrospektive zum Mittagessen ins Weiße Haus ein. »Darf ich in Begleitung kommen?« fragte ich, und er antwortete: »Ja, vorausgesetzt, die betreffende Person kommt durch die Sicherheitsüberprüfung.« Ich brachte einen Mann mit, aber das schien ihn nicht zu stören. Da ich über Jahre hinweg ein Mitglied der Manson-Familie im Gefängnis besucht hatte, war ich überrascht, daß *ich* von der Sicherheitskontrolle grünes Licht bekommen hatte. Da fragte ich mich doch, wie sorgfältig die Sicherheitskontrolle tatsächlich ist. Unser Gastgeber saß in dem Büro, in dem der Watergate-Skandal seinen Anfang genommen hatte. Er zeigte uns, wo die Tonbandgeräte versteckt waren und, das war das Beste, den Knopf mit der Aufschrift »Notfall« gleich neben Nixons Toilette. Zuerst war ich schockiert, da ich ihn für *den* Knopf hielt, mit dem man einen Atomkrieg auslösen kann, aber ich verstand bald, daß er für einen medizinischen Notfall vorgesehen war oder, noch besser, um einen Minister antreten zu lassen, falls Nixon auf dem Locus einen brillanten Einfall hatte. Wir aßen im Speisezimmer für Gäste des Weißen Hauses und unterhielten uns über Filme wie *Chesty Morgan's Deadly Weapons, The Undertaker and His Pals, Please Don't Eat My Mother* und andere Zelluloid-

Schocker. Der Mitarbeiter des Präsidenten war auf diesem Gebiet genauso gut informiert, wie er es in politischen Dingen wohl auch gewesen sein muß. Wir wurden überall herumgeführt – Oval Office, Rosengarten –, aber den neu gestalteten Kinosaal der Reagans bekam ich nicht zu sehen. Der Präsident selbst war verreist, und Nancy erklärte, als ein Wachmann telefonisch bei ihr anfragte: »Nein, wenn Sie da hineingehen, müssen wir anschließend wieder eine komplette Sicherheitsüberprüfung machen.« Man schenkte uns je ein Paar Manschettenknöpfe mit dem Präsidentensiegel, die in einer blauen, mit der Signatur Reagans verzierten Schachtel lagen. Ich war äußerst dankbar, da mir ohne Souvenir kein Mensch, den ich kenne, den ganzen Tag abgenommen hätte. Wieder auf der Straße, ganz benommen in der wirklichen Welt, hatte ich wirklich zum erstenmal patriotische Gefühle. Ich wollte die Flagge schwenken und »The Star Spangled Banner« singen. Nur in Amerika kann man in ein Weißes Haus unter republikanischer Herrschaft eingeladen werden, weil man Filme gedreht hat, für deren Verbrennung dieselbe Regierung gerne Geld lockermachen würde.

Nervös war ich nur ein einziges Mal. Das Baltimore Museum of Art veranstaltete eine dreitätige Retrospektive aller meiner Arbeiten samt Eröffnungsvorstellung in Abendgarderobe. Da sage einer, der Prophet gelte nichts im eigenen Land! Vor mir hatte eine Grandma-Moses-Ausstellung stattgefunden. Irgendwie war ich plötzlich respektabel. Es war, als hätten die Filme in den Dosen über die Jahre wie durch ein Wunder einen anderen Inhalt bekommen. Ich wurde jetzt geehrt für Arbeiten, für die ich zehn Jahre zuvor gefürchtet hatte, eingesperrt zu werden. Meine Eltern befanden sich bei der Eröffnungsveranstaltung im Publikum und sahen *Female Trouble* zum erstenmal. Ich stellte sie von der Bühne aus vor und war erstaunt, als ich später am Abend sah, wie mein Vater ein Autogramm gab. Der Bürgermeister proklamierte für Baltimore sogar einen »John Waters-Tag«. Hätte ich anordnen können, daß an dem Tag alle Schönheitssalons der Stadt gratis Bienenkorbfrisuren machen müssen? Das fragte ich mich. Die einzige abweichende Stimme (zumindest in der Öffentlichkeit) war die meiner alten Nemesis Mary Avara, der ehemaligen Vorsitzenden der mittlerweile nicht mehr existierenden Zensurbehörde von Maryland. »Ich kann einfach nicht glauben, daß ein städtisches Museum so etwas tut«, kochte sie gegenüber den Baltimore *News American*. »Ich möchte nicht, daß meine Steuergelder dafür ausgegeben werden. Ich gebe ihm die Schuld für das, was da draußen los ist. Damen können nicht auf die Straße gehen, ohne daß irgendein Jugendlicher ihnen die Handtasche entreißt. Diese Jugendlichen würden einem sogar die Mülleimer stehlen. Kürzlich fand ich in meinem Keller tote Ratten. Die Menschen sehen seine Filme und erfahren, wie man es macht; da bekommen sie die Anregungen für die vielen Vergewaltigungen und Überfälle. Um Ihnen die Wahrheit zu sagen, versuche ich einfach nicht an ihn zu denken. Ich streife ihn von meinen Sohlen ab.«

Wenn man glaubt, daß endlich alles wie geschmiert läuft, geht etwas schief. An dem Wochenende, als im Museum die Retrospektive stattfand, war ich gezwungen, mich mit einer Polizeiaktion zu befassen. *Pink Flamingos* verursachte nach all diesen Jahren wieder Schwierigkeiten, natürlich. Allem Anschein nach wurde in Phoenix, Arizona, eine Razzia auf einen Videoladen veranstaltet, und einer der Pornos, *Inside Seka's Asshole* (oder so etwas Ähnliches) wurde beschlagnahmt. Während des Prozesses sagte der Rechtsanwalt, der den Porno verteidigte, zum Richter: »Wenn Sie *das* schlimm finden, sollten Sie sich mal diesen *Pink Flamingos* anschauen, der in demselben Geschäft erhältlich ist.« Und natürlich kam der Porno davon, und mir wurde Druck gemacht. Der Richter moralisierte: »Ich kann verstehen, warum sich manche einsame Menschen Pornos ausleihen, aber mir ist schleierhaft, warum sich irgend jemand dieses Ding ausleihen sollte.« Plötzlich war *Pink Flamingos* in dem sehr seriösen Filmtheater, wo man ihn seit Jahren ab und zu gezeigt hatte, ein heißes Eisen. Ein Reporter schickte mir eine Kopie des Polizeiberichtes, den der Bulle, welchen man in die Vorführung geschickt hatte, in seinem besten Fernsehpolizistenjargon geschrieben hatte. »Die erste Szene zeigt zu Anfang eine schwergewichtige weibliche Person weißer Hautfarbe namens ›Edie‹, die eine Art Unterwäsche trägt und in einem Laufställchen sitzt.« Er hat tatsächlich den ganzen Film ausgesessen und ihn beschrieben, als befände er sich am Tatort eines Mordes oder bei einem Autounfall. Es war die ulkigste Besprechung, die ich je gelesen habe, aber wir mußten die Kopie aus der Stadt schaffen, bevor man sie beschlagnahmt hätte. Soviel zum Thema Kunst. Man war nicht beeindruckt.

Ich bekomme sehr eigenartige Post. Die mir liebste kommt von einem Jungen namens Freddy, der schrieb: »Ich besuche die High School und drehe genau solche Filme wie Sie. Weshalb schickt man mich zum Schulpsychologen, Sie aber nach Europa?« Ein anderer junger Typ schrieb und erbot sich, vor der Kamera lebende Ratten zu essen. Und am merkwürdigsten war wahrscheinlich der Bursche, der gestand: »Mein Hobby ist das Sammeln von Geschlechtsverkehr mit Prominenten. Ich ficke aber nicht, um damit anzugeben. Meine übrigen Zielpersonen, von Ihnen abgesehen, sind Pee Wee Herman, David Letterman, Grace Jones, Laurie Anderson, alle Stars aus *Rocky Horror*, und Klaus Nomi (spielt doch keine Rolle, daß er tot ist).« Der einzige Brief, der mich wirklich kribbelig gemacht hat, kam von einem deutschen Mädchen, das schrieb: »Dein totenähnliches Gesicht verfolgt mich.« Und dann drohte sie: »Eines Tages werde ich vor deiner Tür stehen.« Und sie tat es wirklich. Ich ließ sie nicht zu mir herauf, willigte aber ein, mich mit ihr im Kino meiner Freundin Pat Moran zu treffen, weil ich wußte, daß Pat einer Klapperschlange Angst machen könnte, falls es sein müßte. Das Mädchen stellte sich als harmlos heraus, aber sie schickt mir immer noch lange, unangemessen intime Briefe und Geschenke, wovon ich sie abzubringen versuche. Und Süßigkeiten. *Unmengen* deutscher Schokolade, die zu essen mir alle abraten, falls sie sie vergiftet hat. Ich schwöre mir immer, sie nicht anzufassen, und dann liegt sie monatelang da und wird schlecht, bis ich in einem schwachen Moment einen kleinen Mitternachtssnack brauche.

Wenn Ihr Berufswunsch »Redner« ist, ist es recht leicht, einen Anfang zu machen. Überwinden Sie möglichst bald Ihre Angst, vor Publikum zu sprechen. Vergessen Sie Ihren Stolz, und fangen Sie an zu plappern. Üben Sie zunächst vor Familie und Freunden. Bereiten Sie einen kleinen Vortrag mit dem Titel »Warum ihr mir auf die Nerven geht« vor, und überraschen Sie Ihre Eltern, indem Sie gleich nach dem Abendessen ein provisorisches Rednerpult aufstellen. Falls Sie Geschwister haben, bilden Sie mit denen eine Diskussionsgruppe und sagen Ihren Eltern den Kampf an mit heiklen Themen wie »Hausarrest ist Faschismus« oder »Zu spät nach Hause zu kommen ist ein Geburtsrecht«. Sobald Sie sich halbwegs selbstsicher fühlen, gehen Sie auf die Straße. Die uralte Seifenkiste erfüllt immer noch ihren Zweck. Bauen Sie in Ihrer High School eine auf, und achten Sie darauf, daß Sie publikumswirksame Themen aussuchen – »Warum Hausaufgaben verfassungswidrig sind« oder »Die Geschichte der Lehrermißhandlung in Amerika in den späten siebziger Jahren des zwanzigsten Jahrhunderts«. Geben Sie den Zuhörern immer Gelegenheit, Fragen zu stellen, denn alle faulen öffentlichen Redner wissen, daß das den Vortrag ausdehnt und das Publikum dazu bringt, die ganze Arbeit selbst zu machen. Diskutieren Sie viel; Übung macht den Meister. Befleißigen Sie sich pointierter Meinungen zu allem, weil man mit farbloser Mittelmäßigkeit immer im Publikum landet, nie auf der Bühne. Nähern Sie sich Fremden und halten Sie ihnen aus dem Stegreif einen Vortrag über »Glück ist, ein paranoider

Schizophrener zu sein«. Die betreffende Person wird so überrascht sein, daß sie Ihnen auf Ihre Bitte hin wahrscheinlich einen Vierteldollar schenkt, und im Nu sind Sie kein Amateur mehr. Schon können Sie anfangen, Beträge von Ihrer Einkommenssteuer abzusetzen. Machen Sie Ihr Gesellenstück, indem Sie auf Sitzungen der Bürgerinitiative zur Förderung des Stadtviertels über das kleinste Ärgernis nörgeln, werden Sie eine selbsternannte Autorität auf allen Gebieten, und schicken Sie Flugzettel an spezielle Interessengruppen. Mittlerweile werden Sie sich wahrscheinlich einen Agenten nehmen müssen – diese Zuhälter des Egos, die ihr Geld auf jeden Fall wert sind, weil es ab einem gewissen Punkt nämlich peinlich ist, potentielle Kunden anzurufen und zu sagen: »Ich hätte da einen wirklich unglaublich gut informierten, witzigen Redner – MICH.« Wenn Sie erst einmal den Mund in der Tür haben, kann Ihnen niemand mehr befehlen, die Klappe zu halten. Sie können sich dann um die ganze Welt salbadern, können schwätzen und schwadronieren, wie es Ihr Herz begehrt.

Ich möchte Ihnen gern einen praktischen Rat geben, den Sie befolgen sollten, sobald Sie Profi sind. Treten Sie niemals fünfzehn Minuten vor dem Beginn der Show an. Sie werden dann nur mit dem Anblick Ihres Sponsors konfrontiert, der nervös auf und ab geht, weil er sich um die Einnahmen Sorgen macht, und falls die Kasse etwas enttäuschend ist, werden Sie erleben, wie sein Charme vor Ihren Augen wegschmilzt. Kein Mensch hat es nötig, sich kurz vor dem Auftritt Dinge wie »Ich hatte auf ein ausverkauftes Haus gehofft« anzuhören. Seien Sie immer zu allen Leuten nett, die Sie kennenlernen. Sobald Sie die Stadt verlassen haben, wird sich im Vortragsklüngel herumsprechen, wie schwierig oder kooperativ Sie waren. Es gibt keinen schlimmeren Klatsch als »was für ein Arschloch« ein bestimmter Prominenter war, und eine solche Bewertung wird Sie bald einholen. Ich frage immer in jeder Stadt: »Welcher von den Prominenten, die Sie gebucht haben, war denn der schlimmste?« Und die Geschichten werden immer mit offensichtlichem Genuß erzählt. Treten Sie immer in Talk-Shows auf, besonders bei David Letterman. Da wird man ordentlich behandelt (Limousine, ein gutes Hotel), und in bestimmten Teilen des Landes definiert diese Show für Ihr Zielpublikum wirklich, was »hip« ist. Vermeiden Sie es, in Discos Vorträge zu halten; das Publikum ist dort für gewöhnlich nicht in der richtigen Stimmung. Aber wenn Sie es doch ertragen können: Die Geschäftsleitungen sind alle halblegal, und man wird immer bar bezahlt. Zu guter Letzt: Geben Sie sich nie gelangweilt, selbst wenn Sie die Fragen schon eine Million mal gehört haben. *Diese* Leute haben sie noch nicht gestellt. Schalten Sie sich auf Autopilot, denken Sie an Ihre schmutzige Wäsche, an ein Buch, das Sie gerade lesen, irgend etwas. Tun Sie immer so, als würden Sie eine bestimmte Anekdote zum ersten Mal erzählen. Eine Vortragsreise zu machen ist ein wenig so, als würde man für ein öffentliches Amt kandidieren. Sie müssen sich volkstümlich geben, selbst wenn Sie im geheimen Selbstmord in Erwägung ziehen. Es ist doch besser, wie ein drittklassiger Mondale zu leben, der den Trampelpfad des Wahlkampfs abklappert, als zu arbeiten, nicht wahr? Ziehen Sie Hebel 6-C.

Warum ich den *National Enquirer* liebe

Das schönste an einem Abonnement des *National Enquirer* ist, daß er am selben Tag im Briefkasten steckt wie *The New York Review of Books*. Wie vollendet ausgeglichen ich mich dann fühle. Glücklich schnappe ich mir diese Instanz von nationaler Bedeutung aus dem Schlitz und frage mich dabei, ob der Postbote mich für eine Pfeife hält, weil ich ihn beziehe. Zum Teufel mit ihm, denke ich, während ich die Schlagzeilen überfliege in der Hoffnung, daß sie »Barry Manilow: Ich habe eine große Nase – und mir gefällt's!« überflügeln. Im Aufzug nach oben in meine Wohnung schätze ich mich glücklich, daß ich ein Abonnent bin. Schließlich kann der *Enquirer* sich der höchsten Auflagenzahlen aller Zeitungen im Lande rühmen, und somit ist das für mich eine der wenigen Gelegenheiten, am Massengeschmack zu partizipieren. Einmal wenigstens fühle ich mich normal. Wie Millionen anderer Menschen liebe auch ich den *National Enquirer*.

Heimlich bin ich richtig neidisch auf jeden Prominenten, der von diesem Revolverblatt gejagt wird, denn nur wer wirklich ein großer Star ist, hat das zu befürchten. Wenn im *National Enquirer* über jemand gerichtet wird, hat er es geschafft; das ist das einzige wahre Ruhmesbarometer in Amerika. Tag für Tag bin ich deprimiert, weil keine Paparazzi hinter einem Busch hervorspringen, wenn ich über die Straße gehe, um Zigaretten zu holen. Mein Leben lang träume ich davon, im *Enquirer* gebracht zu werden; das wäre vielleicht sogar ein Rendezvous mit Suzanne Somers wert.

Denken Sie nur, wie erregend es sein muß, wenn in Acht-Stunden-Schichten Reporter vor Ihrem Haus kampieren, weil sie sich ein Foto von der Person, mit der Sie schlafen, erhoffen. Oder wenn Barmänner und Kellner bestochen werden, um die plattesten Einzelheiten Ihres Lebens zu verraten. Beeindruckt es die Stars denn nicht, daß sich überhaupt *jemand* – ganz zu schweigen von 15 Millionen Lesern – dafür interessiert, daß sie ein Thunfischsandwich einem Salamisandwich vorziehen?

Kränkt der *Enquirer* wirklich Prominente? Ich bezweifele es; jedenfalls nicht so wie *Confidential* in den fünfziger Jahren oder davor Louella Parsons und Hedda Hopper. Der *Enquirer* bringt Menschen in Verlegenheit, aber er hackt zumindest auf den Lebenden herum, sie können zurückschlagen. Obwohl bekannt ist, daß einige Agenten verhandeln und schmutzige Geschichten über Stars auspacken, damit ihre eigenen Klienten verschont bleiben, ist tatsächlich niemand wirklich sicher. Joan Rivers schreit immer: »Werdet erwachsen, lest den *Enquirer*!« Aber die Herausgeber ignorierten diese Speichelleckerei und veröffentlichten von ihr ein denkbar unvorteilhaftes pferdegesichtiges Foto. Liberace trat die Flucht nach vorn an: Er war so schlau, in einer aussichtslosen Situation keinen Groll zu hegen. Er gab dem *Enquirer* ein Interview, obwohl der angeblich durch die Veröffentlichung von Details aus einem Prozeß um Unterhaltungszahlungen nach einer homosexuellen Partnerschaft, den Liberaces ehemaliger Leibwächter gegen ihn angestrengt hatte, seine Karriere ruiniert hatte. Mr. Showmanship erklärte, daß er durch den Skandal sogar zu neuen Fans gekommen war.

Ich bin überzeugt, daß der typische *Enquirer*-Konsument beim Lesen stumm die Lippen bewegt, körperlich unattraktiv, schlecht gekleidet, einsam und übergewichtig ist. Vor allem übergewichtig. Da diese Zeitung mit Ausnahme ihrer Leser jedermann schlecht behandelt, kann man ruhig ein kolossales Monstrum sein, solange man ein Niemand ist. Man sehe sich nur die Wettbewerbe um »Das fetteste Paar« an, in denen kugelrunde Kryptoprominente um jämmerliche 200 Dollar kämpfen, indem sie scheußliche Schnappschüsse von sich zur Veröffentlichung einsenden. Oder die endlosen Seiten mit Werbung für höchstverdächtige Schlankheitskuren. Aber seien Sie auf der Hut, falls Sie fett *und* berühmt sind; der *Enquirer* wird Sie dann mit seinen bissigsten Texten unter Beschuß nehmen. Die erste Schlagzeile, die ich für meine Sammlung von Enthüllungen über Fettleibigkeit ausschnitt, lautete: »167 Pfund! Volle Lotte, Liz.« Ich nehme an, die damals mollige Liz Taylor war in irgendeiner Hotelsuite auf die Waage gehüpft, und schon zoomte ein Teleobjektiv auf die genaue Gewichtsanzeige. Und von der wundervollen Anita Ekberg wurden Fotos aus der Vergangenheit und der Gegenwart gegenübergestellt. Natürlich sah sie zu Beginn ihrer Karriere sehr schön aus, mittlerweile aber war sie schwer übergewichtig, stand in eine Decke gewickelt, ohne Make-up, in der vermeintlichen Abgeschiedenheit ihres Gartens und hielt sich an einer Möhre aus eigenem Anbau fest. Die Schlagzeile besagte: »Anita Ekberg . . . was für eine Wildschweintaille!« Mein ewiger Favorit ist aber: »Ein Weib wie ein Wal! Das ist die Tonne Tina Onassis!.« Hören Sie sich den Begleittext der

Stielaugen verursachenden Fotos von Tina auf dem Gipfel ihrer Karriere als Dickerchen-das-man-gern-haßt-weil-es-so-stinkreich-ist an. Wenn es einen Pulitzer-Preis für Schund gäbe, hätte dieser Schreiber ihn verdient: »Geldsack Tina Onassis bringt Tonnen von Geld auf die Waage, und sie selbst entwickelt sich auch zu einem Mordsgerät. Tonne Tina, die von der europäischen Presse ›Schlotterschenkel‹ genannt wird, ist so fett, daß man ihr aus dem Hubschrauber helfen muß. Die kugelrunde einunddreißigjährige Erbin entfernt sich watschelnd von ihrem Helikopter – zweifellos um sich ein ordentliches Essen einzuverleiben.«

Obwohl der *Enquirer* keine eigenen Fotografen mehr hat, ist er immer noch einer der meistbietenden Käufer von Paparazzi-Aufnahmen von Prominenten. Ein Foto auf der Titelseite kann mehr als 2000 Dollar erzielen, und selbst Feature-Fotos von süßen Tieren und Babies können 400 Dollar bringen. Der Name des Fotografen wird nie genannt, aber die Bezahlung ist so gut, daß sich kein Mensch beschwert. »Häßliche Schnappschüsse« sind immer willkommen. Nehmen Sie nur das extrem uncharmante Foto von Robert Redford im blendenden Sonnenlicht, mit der grellen Schlagzeile: »Das IST Robert Redford.« Die Bildunterschrift lautete: »Redfords Falten bezwingen seine Grübchen auf diesem erschreckenden, nicht retouchierten Foto des siebenundvierzigjährigen Superstars, der endlich sein wahres Alter zeigt – und noch mehr.«

Die Haute Couture scheint besonders verhaßt zu sein, sowohl bei der Redaktion als auch bei der Leserschaft. Die ausgefallensten Modelle werden mit Texten wie »So steif und einschnürend, daß das Mannequin sich nicht setzen kann« oder »Das geht wirklich zu weit!« gebracht, wobei die Preise besonders auffällig herausgestrichen werden. Die Männerrockmode wurde mit Ekel abgehandelt. Wenn jemals einer der Außerirdischen, die der *Enquirer* so liebevoll darstellt, das Blatt lesen würde, müßte er annehmen, daß jeder amerikanische Mann sich überlegt, ob er zum nächsten Footballendspiel nicht im Mini ins Stadion geht. So sehr die große Mode verabscheut wird, so umfangreich muß das Fotoarchiv der Zeitung über Kleidung von Prominenten sein. Selbst Jackie persönlich hätte vielleicht gelacht, als man die Schlagzeile »O nein, Jackie O! Nach vier Jahren trägt sie immer noch denselben Dress« mitsamt Bildern als Beweis brachte.

Die Leser des *Enquirer* lieben den Tod und ich ebenfalls. Wer könnte die meistverkaufte Ausgabe liegen lassen, nämlich die mit dem Foto von Elvis im Sarg auf der Titelseite? Und wie aufregend es doch ist, über Michael Washington zu lesen und ihn dazu tatsächlich zu sehen, diesen schwarzen Mann in einem bis zur Taille geöffneten Hemd, der jetzt der stolze Besitzer des Herzen des weißen Riesen Jon-Erik Hexum ist. Und es schlägt richtig in ihm! Und Baby Fae. Mein Gott, was für eine Kontroverse (»Schocker: Baby mit Pavianherz«), was für ein *Star* – sehen Sie ihn sich nur an, den unschuldigen kleinen Liebling. Und beachten Sie gleich unter dem Foto die Aufnahme von dem scheußlichen Pavianbaby. Es ist interessant zu sehen, wie nett die Berichterstattung im *Enquirer* über die Eltern war, bis sie ihre Geschichte exklusiv an die Zeitschrift *People* verkauften. Die Redaktion reagierte wie ein Liebhaber, der den Laufpaß bekommen hat: »Ihre Mutter wird wegen Kautionsflucht polizeilich gesucht; ihr Vater nimmt Drogen und schlägt ihre Mutter«. Noch nie war schlechter Geschmack so unverblümt. Oder billig. Das alles für läppische 65 Cent? Ein tolles Schnäppchen!

Krankheit ist auch eine schöne Geschichte wert. In allen Krankenhäusern dieser großartigen Nation schreien die ans Bett Gefesselten nach Einzelheiten. Ein schwerkranker Peter Lawford oder David Niven wird zum Pin-up für die Todkranken. Unter Sauerstoffzelten, neben Atemgeräten und in Chemotherapiekliniken wollen sie alle wissen, was los ist! Fast jede Woche werden Neuigkeiten über Arthritis verkündet, selbst »2 Millionen Gichtkranke« werden nicht ignoriert. Und die Betty Ford-Klinik; also, das muß wirklich der wunderbarste Ort auf Erden sein! »Verheerende Probleme fordern Tribut von Liza«, kreischt die Bildunterschrift eines schockierenden Fotos, welches vor Minellis Aufnahme dort gemacht worden ist. Und keine Angst, der *Enquirer* liefert, was jeder Süchtige, der auf sich hält, wissen möchte: »Behandlung in berühmter Drogen-und-Alkohol-Klinik ein Alptraum – *Enquirer*-Reporter in geheimer Mission im Betty Ford-Center.« Wenn Liz Taylor doch nur in *meiner* Klinik Aufnahme gesucht hätte, phantasieren die Patienten dann. Mensch, das wäre wirklich der Himmel auf Erden gewesen.

Selbst die Einsamen haben eine Stimme. Mein nach wie vor liebster Artikel über Selbsthilfe in dieser bürgernahen Gazette war »Wollen Sie Ihr Leben bereichern? Gehen Sie einfach in einen Coffee-Shop – so lernen Sie interessante Menschen kennen«. Die detaillierte Anleitung, um neue Freunde zu gewinnen, beinhaltet folgende Vorschläge: »(1) Setzen Sie sich immer an die Theke – niemals an einen Tisch. (2) Achten Sie darauf, daß Sie ordentlich gekleidet sind – mit Schlunzen wollen die Leute nicht plaudern. (3) Beginnen Sie ein Gespräch. Reden Sie zunächst über das Wetter. (4) Begrüßen Sie die Serviererin mit einem Lächeln . . . die Leute unterhalten sich lieber mit einem lachenden Menschen als mit einem Griesgram.« Der Autor dieses profunden Ratgebers, ein gewisser Dr. Frank Caprio, warnte: »Nicht alle über einer Tasse

Kaffee geführten Gespräche werden ein Ergebnis zeitigen, aber selbst wenn sie es nicht tun, können Sie doch von jedem Menschen, den Sie treffen, etwas lernen, was Ihr Leben bereichert.« Ich frage mich, ob die Schwestern Dean, zwei alte Jungfern aus Baltimore, über deren trauriges Leben die *Baltimore Sun* berichtete, diesen Artikel gelesen hatten. Wie verlautet waren sie so einsam, daß sie die Möbel in ihrer Wohnung küßten, von ihrem Fenster aus dem nahenden Autoverkehr zuwinkten und in Cafés herumsaßen und Fremde grüßten, bis ihre Verzweiflung so enorm war, daß sie sich bei den Händen faßten und zusammen von einer Brücke sprangen.

Manchmal geht der *Enquirer* ein grundlegendes soziales Problem an: »Experte behauptet: Kohlkopfpuppen können vom Teufel besessen sein« war ein hanebüchener Knüller. Das dazugehörige Foto zeigte den »berühmten Übersinnlichkeitsforscher Ed Warren«, der einer Kohlkopfpuppe, welche über ihrem Bettchen levitierte, ein Kruzifix entgegenhielt. Und Sie sind der Ansicht, daß die Leute von diesen Geschichten nicht beeinflußt werden? Meine Raumpflegerin Rosa, die so viele großartige Geschichten in petto hat, daß Studs Terkel sie heiraten sollte, vertraute mir kürzlich an, welche Angst sie vor Kohlkopfpuppen hat: »Ich habe von einer Frau gehört, die hatte eine, und die Puppe hat ihren Porzellanschrank verwüstet. Die Dame kam nach unten, und da waren ihre Gläser alle kaputt. Der Hund fing dann an, in Zungen zu sprechen und hat ihr gesagt, der Grund sei, daß sie die Puppe an Weihnachten nicht eingepackt hatte.«

»O Rosa, das glauben Sie doch selbst nicht«, sagte ich.

»Nicht wirklich«, meinte sie, »aber ich trau denen nicht. Sie haben so etwas an sich, genau wie der Teufel. Ich möchte nicht in einem Raum sein mit einer Kohlkopfpuppe. Mein kleiner Enkel hat eine, die Lester heißt, und ich sage immer: ›Wag es nicht, Lester mit herzubringen!‹ Dann schaut er mich an und lacht, aber mein Sohn sagt immer: ›Du hast recht, Mama, ich mag diese Puppen auch nicht.‹«

Nachdem in einer Ausgabe, die phänomenale Verkaufszahlen erreichte, der Tod von Grace Kelly mit derselben Ernsthaftigkeit behandelt worden war, die man beim Ausbruch eines Atomkriegs erwarten würde, brachte der *Enquirer* laufend aktuelle Berichte über die Bemühungen eines italienischen Priesters, Grace heiligsprechen zu lassen. Es wurde angedeutet, daß es tatsächlich Augenzeugen gäbe von Wundern, die sie bewirkt hätte. Ich stellte mir die heilige Grace vor, wie sie anläßlich der Premiere von *Rear Window* aus ihrer Limousine steigt und der Saum ihres Nerzmantels zufällig über das Gesicht eines auf den Knien liegenden blinden Fans streift, der augenblicklich von seinem Leiden geheilt ist.

Ich bewundere auch die Frechheit des *Enquirer,* wenn er ganze übertrieben hochgejubelte Fernsehserien erledigt, indem er Monate im voraus die gespannt erwarteten Entwicklungen der Handlung verrät. Plots von »Dynasty« und die letzte Episode von »M*A*S*H« wurden dem *Enquirer* von geschickt plazierten Spionen zugetragen und dann als Aufmacher auf die Titelseite gebracht. Geheimagent für den *Enquirer* zu sein ist wahrscheinlich lukrativer, als für die Russen zu arbeiten. Vielleicht leisten die Herausgeber ja sogar politische Arbeit, indem sie Leute in dieser Sparte mit lächerlichen Geheimnissen in Atem halten, die kaum eine ausländische Regierung zu Fall bringen könnten. Sie sorgen auch dafür, daß prominente Saubermänner wie Billy Graham, Art Linkletter und Lorne Greene nicht in Schwierigkeiten geraten, indem sie deren volkstümelnde kleine Kolumnen mit Ratschlägen für ein glückliches, bescheidenes Leben abdrucken. Die Ironie, die darin liegt, daß diese Scheinheiligen sich eine Verbindung mit diesem im Kreis der Hollywood-Profis meistgehaßten Skandalblatt erlauben, und zwar nur wegen seiner gigantischen Auflage, verblüfft mich immer noch. Allerdings muß ich zugeben, daß die *New York Post* den Fall von Selbstjustiz in der New Yorker U-Bahn besser behandelt hat. Der *Enquirer* versuchte den Leser zu überzeugen, daß er ein Exklusivinterview mit Bernhard Goetz, diesem Alltags-Charles-Bronson, bekommen hatte, obwohl das nicht stimmte. »U-Bahn-Wächter – Die Geschichte in seinen eigenen Worten«, brüllte die Schlagzeile trotz der Tatsache, daß die Quellen des Artikels ausschließlich Informanten aus Polizeikreisen waren. Zwei seiner Opfer ließen sich ködern, wie verlautet für 300 Dollar pro Person, mekkerten aber später gegenüber der *Washington Post.* »Der *Enquirer* hat mich beraubt«, erklärte einer verärgert. »Mein Anwalt hat gesagt, ich hätte mindestens 1000 Dollar bekommen können.«

Ich hatte die ganze Geschichte schnell satt. Zuerst ging mir der Sympathieerguß der Ekel Alfreds für Goetz auf die Nerven, aber dann dachte ich mir: »Nun, ich kann ihm keinen Vorwurf machen. Ich habe doch auch jedesmal, wenn ich aus dem Haus gehe, Lust, fünf oder sechs Leute abzuknallen.«

Im Flugzeug fühlte ich mich einmal zutiefst beleidigt von einem neben mir sitzenden Passagier, der sich der schlimmsten Modesünde überhaupt schuldig gemacht hatte – er trug sommerliches Weiß *nach* Labor Day und vor Memorial Day. Um Aufgeschlossenheit bemüht, hoffte ich, daß er später irgendeinen Anschlußflug in die Karibik nehmen würde, aber seine dröhnenden, betrunkenen Äußerungen überzeugten mich bald, daß dem nicht so war. Hatte er für seine scheußliche Aufmachung den Tod verdient? Hätten die Leser von *Women's Wear Daily* und *GQ (Gentlemen's Quarterly)* ungestüme Kundgebungen zu meiner Verteidigung veranstaltet, wenn ich ihn ausgeknipst hätte?

Als 1983 die Parodie *Irrational Enquirer* herauskam, war ich begeistert über deren Witz. Wie schwierig es gewesen sein muß, eine Parodie zu parodieren. Die Ulkschlagzeilen hätten beinahe als Originale durchgehen können: »Ich starb und fuhr zur Hölle«; »›Das Baby ist von Hinkley‹, schluchzt Jodie«; »Dr. Tarnowers Diätempfehlungen aus dem Jenseits«.

Aber noch wahnsinniger und absurder ist das böse Stiefkind des *Enquirer,* über das nie geredet wird, das Organ, das offenbar herausgebracht wurde, um die alten Schwarzweiß-Pressen des *Enquirer* weiter zu verwenden – die *Weekly World News.* Geistig eher dem alten *Enquirer* aus den Zeiten von »Ich aß mein Baby« nahestehend, als er noch nicht gehaltvoll genug war, um in Supermärkten verkauft zu werden, scheint sich dieses fanatische, rechtsgerichtete Musterbeispiel für schießwütigen Revolverjournalismus bei Analphabeten und, was gar nicht überraschend ist, schockgeilen Hardcore-Punks und New Wavern großer Beliebtheit zu erfreuen. Divine wurde sogar auf dem Titelblatt gebracht, weil erzürnte Zuschauer sich bei der BBC beschwert hatten, daß sie »ekelerregend« sei. Die Redaktionspolitik der *News* läßt sich am besten an folgendem Artikel darstellen: »Der Iwan schwört . . . Wir würden den Nikolaus von unserem Himmel runterschießen!« Was immer in der übrigen Boulevardpresse die große Mode sein mag, hier geht man noch weiter: »Affe gebärt menschliches Baby« oder »Rächer tötet 27 Räuber«. Bisweilen heitern mich die Storys enorm auf: »Gute Nachrichten für Raucher – Es ist gut für die Gesundheit«.

Ed Anger, der vielleicht unzurechnungsfähigste, blindwütigste Kolumnist des Landes, darf in seiner Kolumne »Mein Amerika« jede Woche seine fanatischen Tiraden ablassen. Er ist unglaublich. Seine Homophobie ist legendär – »Behandelt krankhafte AIDS-Verbreiter als die Killer, die sie tatsächlich sind«, schrieb er einmal. »Können Sie sicher sein, daß der Kerl, der vor Ihrem kleinen Jungen im Park die Trinkwasserquelle benutzt, kein Schwuler mit AIDS ist?« Oder auch: »Junk-Food hat unser Land groß gemacht: Keiner hat je den Duke (John Wayne) herumlaufen und ein mit Luzernesprossen gefülltes Pita-Sandwich essen und Tee nippen sehen . . . Wenn alle Amerikaner so lappig und luschig aussehen würden wie diese Broccoli-Weichteilchen, würde sich der

Iwan sofort auf uns stürzen und hier alles übernehmen.« Und am besten: »Ich bin wütender als ein Arzt, dem der Golfschläger kaputtgegangen ist, über diese ewige Nörgelei über Gewalt im Fernsehen, wo es doch schließlich noch Schlimmeres in der Flimmerkiste gibt. Ich meine den widerlichen Sex, der heute in den meisten Erfolgssendungen zu sehen ist.« Ein Informant von mir mit Insiderwissen bestätigte alle meine Erwartungen. Er erklärte, Ed Anger sei ein gewisser Rafe Klinger, ein »ausgeklinkter« Bursche, der nicht das geringste von dem Zeug glaubt, das er herausleiert.

TViews, die Fernsehkolumne der *News*, hat Überschriften wie »David Lettermans Show ist wie Müll – sie stinkt (weg damit!)«. Und »Liebe Dotti«, ihre Lebenshilfekolumne à la Ann Landers, teilt wirklich knochenharte Ratschläge aus – Kindern den Hintern zu versohlen ist gut, und »die große Mehrheit der Jugendlichen zwischen 13 und 18 ist verdorben – so verdorben, daß ihre Eltern sie kaum ertragen können«. Aber letzten Endes laufen die *Weekly World News* sich schnell tot; das Schockprinzip wirkt betäubend, der Klatsch über Prominente, der aus anderen Zeitungen geklaut wurde und den ich schon gelesen habe, ist ein alter Hut, und deshalb wende ich mich wegen seiner vergleichweise stilvollen Darbietungen wieder dem *Enquirer* zu.

Natürlich ist der *Enquirer* nicht perfekt. Sein Storyaufbau – mit dem Knalleffekt gleich zu Anfang – verspricht immer mehr, als er liefert, die Zitate der »innersten Gedanken« werden immer zu weit getrieben, um noch glaubwürdig zu sein, und die Eigenlob-Artikel »Hier haben Sie es zuerst gelesen« sind etwas wichtigtuerisch. Die jährlichen Prophezeiungen lassen mich kalt, und von Prinzessin Caroline habe ich die Nase voll – sie ist ja nicht einmal *Amerikanerin*, um Gottes willen. Und die Ausschneidecoupons, die man Bewährungsbehörden schicken kann, um zu fordern, daß kein Mitglied der Manson-Familie je freigelassen werden soll, sind für *mich* schlechter Geschmack.

Aber wenn doch nur einige der anspruchsvolleren Zeitschriften dem Beispiel des *Enquirer* folgen würden, würden sie vielleicht ein wenig für die nötige Auflagensteigerung sorgen. Jede Publikation hat ihren eigenen Kreis von Stars, aber warum ist man nur so unempfänglich für sie? »Geht Mr. Rogers' Ehe in die Brüche?« möchten die Leser des *Weekly Reader* wissen. Wäre die *New York Review of Books* nicht etwas pikanter, wenn man »Oriana Fallaci ist ein schlimmer Griesgram« oder »Isak Dinesen und Karen Carpenter – die bisher unbekannte Verbindung« oder selbst »Gore Vidal ist eine Zimperliese« abdrucken würde? Könnte die *Columbia Journalism Review* nicht Stories wie »Helen Thomas trägt jeden

Tag dasselbe Kleid« oder »Exklusiv: Nora Ephron nackt!« bringen? Wie wäre es, wenn die Schwulenzeitschrift *Advocate* »John Rechy ist ein Hetero« oder »Ronald Firbank hätte nicht sterben müssen« herausbrächte? Und in der *National Review*: »Tricky Dicky und Rose Mary Woods – zusammen 320 bombige Pfund auf der Waage.« Oder *Film Comment*: »Prophezeiung: Jean-Luc Godard dreht Remake von *Ice Castles*«. Wäre das nicht fair? Wenn Sie nicht wollen, daß man in der Zeitung über Sie berichtet, werden Sie doch Installateur; ich garantiere, daß sich dann niemand für Ihr Privatleben interessiert. Aber wenn Sie irgendwie im Licht der Öffentlichkeit stehen, geben Sie acht!

»Hat Nancy Kissinger große Füße und findet es ganz toll?«

»Hat Jeanne Kirkpatrick je an Bord eines UFO Sex gehabt?«

»Hat Margaret Thatcher eine Affäre mit Eddie Murphy?«

Wer das wissen will? *Ich* will das wissen.

»Meine Damen und Herren ... die nettesten jungen Leute der Stadt!«

Wenn ich etwas im Leben bedauere, dann ist es, daß ich kein Buddy Deaner war. Gut, als Teenager habe ich natürlich als Gast an dieser Show aus Baltimore teilgenommen. Ich habe sogar in einem lokalen Country-Club mit Mary Lou Raines (einer der *Königinnen* der »Buddy Deane Show«) den Twist-Wettbewerb gewonnen.

Aber ein Deaner war ich nie. Kein echter jedenfalls. Ich war nicht Mitglied des Komitees, war keiner dieser Auserwählten, die jeden Tag in der Sendung waren – die Baltimore-Ausgabe der Mouseketeers, »die nettesten jungen Leute der Stadt«, wie sie angekündigt wurden. Die Jungs trugen Sportsakkos mit Gürtel auf dem Rücken von ›Lee's of Broadway‹ (zehn Prozent Rabatt für Komiteemitglieder), am Knöchel enge Hosen, spitze Schuhe mit den großartigen Schnallen an der Seite und »halbstarke« Frisuren (mit Pomade), die mir meine Eltern nie erlaubt haben. Und die Deaner-Mädchen, mein Gott: »hair-hoppers« nannten wir sie in meiner Gegend, sie trugen Etta-James-Kleider, Bienenkorbfrisuren und Dackelabsätze. Sie waren meine ersten Vorbilder. Die ersten Stars, mit denen ich mich identifizieren konnte. Man könnte mit Recht behaupten, die ersten TV-Prominenten in Baltimore.

Ich bin immer noch ein Fan – ein Deaner-Verehrer. Ich habe sogar einige Charaktere meiner Filme nach ihnen benannt. Sie können sich also gar nicht vorstellen, wie aufgeregt ich war, als ich zwanzig Jahre später endlich Gelegenheit bekam, diese lokalen Legenden zu interviewen.

»The Buddy Deane Show« war eine Tanzparty für Teenager, die von 1957 bis 1964 ausgestrahlt wurde. Es war die meistgesehene lokale Fernsehsendung von Baltimore und mehrere Jahre lang die regionale Fernsehsendung mit den höchsten Einschaltquoten des ganzen Landes. Während der Rest der Nation mit Dick Clarks »American Bandstand« (der hier nicht einmal gesendet wurde, weil Kanal 13 schon »Buddy Deane« hatte) aufwuchs, hatte Baltimore, wie es sich gehört, seine eigene exzentrische Ausgabe. Jeder Rock'n' Roll-Star jener Zeit (mit Ausnahme von Elvis) besuchte die Stadt, um in der Sendung seine Platten Playback zu singen und dafür Reklame zu machen: Buddy Holly, Bill Haley, Fats Domino, die Supremes, die Marvelettes, Annette Funicello, Frankie Avalon und Fabian, um nur einige zu nennen.

Durch die Show lernte man, ein Teenager zu sein. Nach der Schule liefen die Jugendlichen jeden Tag nach Hause, schalteten ein und tanzten beim Zuschauen mit dem Bettpfosten oder der Kühlschranktür. Wenn man den Buddy Deane Jitterbug (der war immer daran zu erkennen, daß das Mädchen jedesmal schrecklich subtil den Kopf neigte, wenn es herumgewirbelt wurde) nicht beherrschte, war man ein gesellschaftlicher Außenseiter. Und weil praktisch jede Woche ein neuer Tanz eingeführt wurde, mußte man sich die Sendung jeden Tag anschauen, um auf dem laufenden zu sein. Es war zum Wahnsinnigwerden: der Mashed Potato, der Stroll, der Pony, der Waddle, der Locomotion, der Bug, der Handjive, der New Continental und, der wichtigste, der Madison, ein komplizierter Kolonnentanz, der hier eingeführt wurde und später das ganze Land eroberte.

Obwohl die Show vor mehr als zwanzig Jahren eingestellt wurde, hat es eine beinahe besessene Sekte von Fans geschafft, die Erinnerung an sie wachzuhalten. Die Produzenten von »Diner« wollten Material aus »Buddy Deane« in ihren Film einbauen, aber die meisten Shows waren Live-Sendungen, und alle Bänder von diesem lokalen Zeitstück sind gelöscht worden. Im letzten Frühling schnappten sich fünfhundert Leute blitzschnell die Eintrittskarten zu 23 Dollar das Stück für das dritte Buddy Deane-Treffen, das als Wohltätigkeitsveranstaltung für das Baltimore Burn Center in einem Bankettsaal in East Baltimore abgehalten wurde. Buddy selbst, der Hohepriester, kehrte aus diesem Anlaß zurück. Und noch wichtiger war, daß das Komitee auch zurückkehrte, immer noch durch eine eigene Tür eintrat und immer noch mit äußerster Präzision die Tänze jener Zeit beherrschte. Ich war vollkommen hingerissen von den Stars und hatte an dem Abend genausoviel Spaß wie auf dem Cannes Film Festival. Und das Ganze auf dem schäbigen Pulaski Highway.

Am Anfang war Arlene. Arlene Kozak, Buddys Assistentin und der gute Geist des Komitees. Arlene, die jetzt als Empfangsdame arbeitet und mit ihrem Mann und zwei erwachsenen Kindern in einem Vorort wohnt, ist der Show leidenschaftlich treu geblieben, organisiert die Wiedersehensfeiern und führt Notizbücher, in denen die aktuellen

Adressen, Ehenamen und Telefonnummern aller »meiner Kinder« stehen.

Sie lernte Winston J. »Buddy« Deane in den fünfziger Jahren kennen, als sie bei einem Schallplattengroßhandel arbeitete und er der beliebteste Discjockey von WITH war – der einzige DJ der Stadt, der für die Jugendlichen Rock'n' Roll spielte. Als Westinghouse Mitte der Fünfziger WJZ-TV kaufte, wurde Joel Chaseman, ebenfalls ein DJ bei WITH, dort Programmchef. Chaseman hatte den Einfall, eine Tanzsendung mit Buddy als Discjockey zu machen, und Buddy wiederum bat Arlene, für ihn zu arbeiten. Die Sendung wurde ausgestrahlt, »*bevor* Dick Clark Premiere hatte«, und sie »war von Anfang an ein Hit«, sagt Arlene heute.

Das Komitee, das anfangs aus lokalen Jugendzentren rekrutiert wurde, sollte als Gastgeber fungieren und mit den Gästen tanzen. Um ausgewählt zu werden, mußte man ein »Empfehlungsschreiben« von seinem Pastor, Priester oder Rabbi vorlegen, sich bei einem Probetanz qualifizieren und in einem Interview (»im Rampenlicht«) zeigen, daß man »Personality« (»Ausstrahlung«) besaß. Zunächst hatte man das Rotationsprinzip im Komitee; niemand amtierte länger als drei Monate.

Aber dann passierte etwas Unvorhergesehenes: Das Publikum vor dem Bildschirm fing bald an, für einige der Jugendlichen Zuneigung zu entwickeln. Also wurden die Vorschriften etwas gedehnt; die »Großen«, die mit der Fanpost, durften bleiben. Und die ganze Konzeption des Komitees änderte sich. Das Starsystem war geboren.

Wenn man Mitglied des Buddy Deane-Komitees war, war man sechs Tage in der Woche bis zu drei Stunden täglich im Fernsehen – genug Medienpräsenz, um Marshall McLuhan schwindelig zu machen. Nach Auskunft von Arlene waren Bobby Burns und Freddy Oswinkle die ersten großen Stars, aber »egal, wie groß einer wurde, es kam immer wieder jemand, der noch größer war«.

Joe Cash und Joan Teves waren die ersten Majestäten der Show. Joanie, deren Mutter »wollte, daß ich Kinderstar werde«, stieg im Frühjahr 1957 im Alter von dreizehn Jahren (um mitmachen zu können, mußte man zwar vierzehn sein, aber viele gaben ein falsches Alter an, um sich zu qualifizieren) in die Show ein, und einige Monate später kam der siebzehnjährige Joe dazu. Wie viele andere Paare auch lernten sich Joe und Joan über die Show kennen und wurden für ihre Fans »ein Schlager«. Viele Jahre später heirateten sie.

»Ich sah die Show als Vehikel, um etwas aus mir zu machen«, erinnert sich Joe. »Ich war aggressiv. Ich wollte in die Plattenbranche einsteigen« – und Jahre später schaffte er das.

Joe fing als Buddys »Teen-Assistent« an, überwachte zusammen mit Arlene das Komitee und sorgte dafür, daß die strengen Regeln befolgt wurden. Man bekam Tadel für so ziemlich alles: wenn man Kaugummi kaute. Wenn man die Erfrischungen (Ameche's Powerhouses, der Vorläufer des Big Mac aus dem wichtigsten Teenager-Lokal) verzehrte, die *ausschließlich* für die Gäste bestimmt waren. Oder wenn man mit anderen Komitee-Mitgliedern tanzte, obwohl man mit den Gästen tanzen sollte (eine sehr unpopuläre Vorschrift gestattete das nur bei jedem vierten Tanz). Und wenn man es wagte, den obszönen Bodie Green (den Dirty Boogie) zu tanzen, war man sofort erledigt.

»Die Macht stieg mir etwas zu Kopf«, gibt Joe zu. »Ich dachte, ich würde die Welt regieren, und deshalb wurde ein Rat eingerichtet, und von da an verwaltete sich das Komitee selbst.« Die Aufnahme in den Verwaltungsrat wurde das größte Statussymbol überhaupt. Dieses Komitee des Komitees wählte unter der Aufsicht von Arlene neue Mitglieder aus, unterrichtete Tanzschritte und verteilte die Tadel, die zur vorübergehenden Sperre oder zum endgültigen Ausschluß führen konnten.

Ein weiteres majestätisches Deaner-Paar, das sich in der Sendung fand und später heiratete, waren Gene Snyder und Linda Warehime. Sie werden immer noch, von einigen gutmütig, als »Ken und Barbie der Show« bezeichnet. Gene, ein Mitglied des »*ersten* Komitees, und ich unterstreiche *des ersten*«, wurde später Vorsitzender des Rates. Linda bezeichnet ihre Mitgliedschaft im Komitee ehrfürchtig als »das tollste Erlebnis, das ich in meinem ganzen Leben gehabt habe«. Später wurde das Paar in das »Ewige Komitee« aufgenommen, in diese Ruhmeshalle, deren Mitglieder selbst nach ihrem Ausscheiden aus der Show noch zum Tanzen kommen konnten. »Das war unser ganzes gesellschaftliches Leben: ein Buddy Deaner zu sein«, sagte Gene. »Es war eine Familie: Buddy war der Vater, Arlene war die Mutter.«

Selbst heute sind Gene und Linda noch das typische Deaner-Paar, pflegen gesellschaftlichen Umgang mit vielen Mitgliedern des Komitees, hegen sorgfältig ihre Erinnerungen und sind unter den ersten, die auf den emotionsgeladenen Wiedersehensfeiern »einen Tanz anführen«. »Einmal ein Deaner, immer ein Deaner«, formuliert es ein anderer kurz und bündig.

Der frühe »Look« des Komitees war typisch fünfziger Jahre. Und wenngleich heute nur noch wenige zugeben werden, daß sie halbstarke *Drapes* waren, schrieb die Haarmode den Jungs zunächst DAs, Detroits und Waterfalls und den Mädchen, die weite Röcke mit Krinolinen und drei oder vier Paar Söckchen trugen, Pferdeschwänze und DAs vor. Joe erinnerte sich: »Für fünf Dollar habe ich einem Burschen ein Sportsakko abgekauft, das der sich nach seiner Entlassung aus dem Gefängnis angeschafft hatte. Nach einer gewissen Zeit konnte ich mir ein paar Klamotten von ›Lee's of Broadway‹ leisten« (die durch ihre Auswahl an Sakkos mit Gürteln und engen Hosen zum Saks Fifth Avenue der Deaners wurden).

Eine der ersten Pferdeschwanzprinzessinnen war »Peanuts« (Sharon Goldman; sie machte im Jahr 1958 im Alter von vierzehn ihr Debüt, Forest Park High School Chicken Hop), die zur Show kam, weil die Deaner »Volkshelden« waren. Sie erinnerte sich, daß Paul Anka für sie vor der Kamera »Put Your Head On My Shoulder« gesungen hat, während sie seine Anweisung befolgte und ihren Kopf auf seine Schulter legte. Sie wurde so beliebt, daß die landesweit erhältliche Zeitschrift *Sixteen* über sie berichtete.

»In der Show war man entweder ein *Drape* oder ein Spießer«, erklärt Sharon. »Ich war spießig. Ich schätze, Helen Christ war die erste Drapette: der DA, die Ballerinas, Oogies (Tüllschals), Lidschatten – Eyeliner war damals *ganz* groß – und pinken Lippenstift.«

Helen Christ. Die beste kleine Jitterbugtänzerin von Baltimore. Die erste und vielleicht bedeutendste Buddy Deane-Königin von allen. Sie debütierte, als sie gerade elf war, mußte jeden Tag drei Busse nehmen, um zur Show zu kommen, trug jenen wundervollen weißen DA (kreiert von ihrem Vater, der Friseur war) und erregte als erste echtes Aufsehen. Sie war eine der wenigen Auserwählten, die nach New York fuhren und dort lernten, den Madison vorzuführen, und sie wurde für das »Austauschkomitee« ausgesucht, das Baltimores Beste beim »American Bandstand« repräsentierte. Sie war die einzige von den Großen, die es ablehnte, in den Rat einzutreten: »Die hatten Macht; viele waren deswegen unbeliebt.«

Helens Fans kamen in Scharen zu den Buddy Deane-Tanzveranstaltungen, um sie zu sehen. Die Mitglieder des Komitees mußten persönliche Auftritte absolvieren und auch Autogramme geben. »Ich bekam damals unheimlich viele Briefe von der Marineakademie«, erinnerte sich Helen, »also fuhr ich eines schönen Tages hin, und da lagen die ganzen Oberfähnriche in den Fenstern. Das ist mir unheimlich unter die Haut gegangen!« Auf Grund ihres Ruhms bekam sie sogar ein Angebot, zum Zirkus zu gehen. »Da war so ein Mann, der trat an mich heran, schickte mir Telegramme, tauchte bei der Show auf. Er wollte, daß ich im Sommer einen Lehrgang machen sollte, um Trapezartistin zu werden. Ich wollte hin, aber meine Eltern haben es mir verboten. Ich war wirklich sauer. Ich wollte ehrlich zum Zirkus gehen.«

Zwei weitere Pferdeschwanzprinzessinnen, die später in die Buddy Deane-Ruhmeshalle aufgenommen wurden, waren Evanne Robinson, das Komiteemitglied, welches am längsten in der Show war, und Kathy Schmink. Heute wirken sie absolut gegensätzlich. Beim Mittagessen in der Thunderball Lounge in East Baltimore erinnerte sich Kathy: »Ich konnte mich einfach nicht daran gewöhnen, Autogramme zu geben. ›Warum?‹ fragte ich mich?« Sie war nicht einmal ein Fan der Show. »Es war reiner Zufall. Meine Mutter wollte, daß ich hingehen sollte; sie hat mich in die Stadt gebracht zum Vortanzen. Zuerst war ich so schüchtern, daß ich mich hinter den Coke-Automaten versteckt habe.«

Aber Evanne »ging immer sofort nach Hause und direkt zum Fernseher. Ich hatte immer Tanzunterricht gehabt, und ich wollte in die Show. Ich bin unheimlich exaltiert.« Obwohl sie abstreitet, die Anwesenheit der Kamera gespürt zu haben, räumt sie ein: »Ich habe wohl versucht, ganz vorn zu tanzen. Mitzumachen, um dann nicht gesehen zu werden, kam für mich überhaupt nicht in Frage.« Aber in einer Sendung wurde selbst Evanne verlegen, als Buddy nämlich eine überraschende Ansage machte. »Ein ganzer Militärstützpunkt hatte mich zum hübschesten Mädchen gewählt. Ich habe mich so geniert. Buddy rief mich nach vorn vor die Kamera, und ich war nicht picobello angezogen. An dem Tag war die ganze Show mir gewidmet.«

Es hatte auch seine Nachteile, wenn man in Baltimore ein Teenagerstar war. »Es gab Schwierigkeiten mit den Gleichaltrigen«, erinnert sich Peanuts. »Man gehörte einfach nicht mehr zu ihnen.« Außenseiter waren neidisch auf den Ruhm, besonders wenn sie ihre festen Freunde oder Freundinnen an Deaner verloren, und viele lehnten Jungs ab, die gern tanzten. »Den Buddy Deaners wollte jeder ans Leder«, meinte Gene, er erinnert sich an Rabauken, die vor dem Fernsehstudio warteten, um sich Deaner vorzuknöpfen.

»Es war wirklich eine Qual. Es war grauenhaft«, sagte Joe. »Ich bekam Morddrohungen in der Show. Ich bekam Briefe, in denen stand: ›Wenn du auf diesem oder jenem Schwoof auftauchst, kriegst du was aufs Maul!‹« Und Evanne schaudert es immer noch, wenn sie sich erinnert: »Einmal war ich in der Cafeteria. Ein Mädchen kreischte ›Buddy Deaner‹, und dann warf es seinen Teller nach mir. Meine Mutter hat mich immer von der Schule abgeholt, damit mich niemand belästigte.«

Die Anbeter konnten aber auch eine Last sein. »Ich muß zehnmal eine neue Telefonnummer bekommen haben«, sagte Helen, »aber irgendwie wurde sie immer bekannt. Ich habe eine Menge obszöner Anrufe bekommen.«

Und die Gerüchte, lieber Gott, die Gerüchte. »Alle Welt dachte, die ganzen Mädchen wären schwanger von Buddy Deane«, erinnern sich mehrere. »Einmal war ich eine Zeitlang nicht in der Show, und prompt hieß es, ich sei in ein Nonnenkloster eingetreten«, erzählte Helen lachend. »Es stand sogar in der Zeitung. Es war nur noch albern.«

Einige der Gerüchte wurden vorsätzlich ausgestreut. Weil die gefühlsduseligen Seifenopern »Buddy Deane« Konkurrenz machten, wurden die knospenden Teenagerromanzen für die Kamera gelegentlich hochgespielt. »Ich ging gerade mit irgendeinem Jungen, und der tanzte mit einem Gast, und ich mochte dieses Mädchen nicht«, sagte Evanne. »Buddy bemerkte, wie ich die beiden anstarrte und sagte: ›Mach diesen Blick noch mal.‹ Und die Kamera hat das eingefangen.« Kathy ging sogar noch weiter: »Ich war mit einem Jungen namens Jeff zusammen. Wir haben einen Streit markiert. Ich habe meinen Freundschaftsring abgenommen und auf den Boden geworfen. Und da bekamen wir noch mehr Post: ›Oh, bitte, trennt euch nicht!‹ Irgend jemand hat uns sogar ein Paar Miniboxhandschuhe geschickt. Dann haben wir uns vor der Kamera wieder versöhnt.«

Romanzen waren eine Sache; Sex eine ganz andere. Die meisten Mädchen machten nicht einmal »Zungenküsse«, behauptet Arlene. Sie erinnert sich an den Stunk, den ein katholischer Geistlicher gemacht hat, als das Komitee im Fernsehen schulterfreie Etta-Kleider präsentierte. Von da an wurden alle nackten Schultern mit einem Netzschal bedeckt.

Andere Laster wurden ebenfalls vermieden. Wenn ein Junge ein Bier trank, war das schon eine große Sache. Einige erinnern sich, daß ein paar Jugendliche Hustensaft genommen haben, um high zu werden. »Ja«, sagte Joe. »Die haben mich zum Wahnsinn getrieben, wenn sie zur Tür hereinkamen. Ich habe dann gesagt: ›Mann, du bist dicht. Du fliegst hier raus. Du bist Geschichte.‹«

Obwohl viele Eltern und WJZ darauf bestanden, daß die Komiteemitglieder gute Zensuren erbringen mußten, um in der Show mitmachen zu können, konnte die Realität auch anders aussehen. Da die Sendung in manchen Jahren um 14 Uhr 30 anfing, war es durchaus verbreitet, früher aus der Schule zu verschwinden.

»Ich habe geschwänzt und mußte dann im Hintergrund tanzen, um nicht von den Lehrern gesehen zu werden«, sagte Helen. »Ich *mußte* einfach pünktlich da sein. Es hätte mir das Herz gebrochen, wenn ich nicht dabei gewesen wäre.« Helen verließ schließlich auf dem Gipfel ihres Ruhmes die Mergenthaler (Mervo) Gewerbeschule. »Die Schulleitung hatte früher schon versucht, mich hinauszuwerfen. Ich konnte mich unmöglich mit einer Ausbildung abgeben. Ich wollte *tanzen.*«

»Wir hatten eine Redensart: ›Entweder die Show macht dich groß, oder sie gibt dir den Stoß‹«, erzählt Kathy. »Ein paar von den Leuten aus der Show haben etwas abgehoben, in ihren Augen funkelten Sterne; sie glaubten, sie würden nach Hollywood gehen und Filmstars werden.«

Joe andererseits hatte die Schule längst geschmissen, als er zur Show kam und kehrte dann, als er berühmt war, *zurück,* um seinen Abschluß zu machen. Und Arlene zufolge ermutigte Buddy ein beliebtes Mitglied des Komitees (Buzzy Bennet), lesen zu lernen, damit er seinen Traum, Discjockey zu werden, verwirklichen konnte. Schließlich wurde er einer der angesehensten Programmgestalter des Landes, und in der Zeitschrift *Time* wurde sogar ein Artikel über ihn veröffentlicht.

Mit den sechziger Jahren kam eine ganz neue Riege von Stars, von denen einige Namen hatten, die wie Reklametricks klangen, aber keine waren: Concetta Comi, das beliebte Schwesterngespann Yetta und Gretta Kotik. Und dann kamen die toupierten Haare auf, die die Drape-Frisur der Fünfziger durch einen Buddy Deane-Look ersetzte, der die Kultur von Baltimore so durchdrang (besonders in East und South Baltimore), daß man seine Wirkung in bestimmten Stadtteilen immer noch sehen kann.

Einige Mitglieder des alten Komitees gingen mit der Zeit und schafften den Übergang mühelos. Kathy schwenkte auf eine herrliche Bienenkorbfrisur um, die einem auf ihrem Kopf sitzenden Abfalleimer ähnelte: »Ich sah aus, als wollte ich durchstarten.« Und Helen, Linda und Joanie zückten alle ihre Toupierkämme mit den Nadelgriffen.

Fran Nedeloff (die 1961 mit vierzehn Jahren debütierte, Mervo High School Cha-Cha) erinnert sich an den Look: »Geradegeschnittener Rock bis zum Knie, Wollpullover, der auf dem Rücken geknöpft wurde, Dakkelabsätze, jede Menge fetter schwarzer Eyeliner, unbedingt Clearasil auf den Lippen, weißer Nagellack. Wir zogen immer los und stellten uns vor ›Read's Drugstore‹, und dann baten die Leute uns um Autogramme.«

Die vielleicht höchsten Bienenkörbe überhaupt hatte das Komiteemitglied, das mein ganz persönlicher Liebling war: Pixie (Jahre später starb sie an einer Überdosis Drogen). »Die konnte man auf den Boden werfen, und dann ging ihr Haar in die Brüche«, fällt Gene ein. Pixie war kaum einen Meter fünfzig groß, aber ihre Frisur machte sie bisweilen um gut achtzehn bis fünfundzwanzig Zentimeter größer.

Aber die bei weitem populärste Frisurkönigin bei »Buddy Deane« war Mary Lou Raines, eine vierzehnjährige Schülerin von der Pimlico High School. Mary Lou, die Annette Funicello der Show, war das Stadtgespräch der Teenager von Baltimore. Jede Woche hatte sie eine andere »Takelage« – die Double Bubble, die Artichoke, die Airlift –, und jede wurde gekrönt von ihrer Schleife, ihrem ganz persönlichen Markenzeichen, das ihre Mutter angeregt hatte. »Wir haben schwer gesprüht«, erinnert sich Mary Lou heute in ihrem Haus in Pennsylvania. »Je mehr Hairspray, desto besser. Wenn man das Haar eingesprüht hatte, löschte man es mit Toilettenpapier ab. Manchmal wickelten wir die Haare auch über Nacht ein. Wenn man sich dann auf eine Seite drehte, zupfte man die Frisur am nächsten Tag einfach wieder in Form.«

Mary Lou war der letzte Buddy Deane-Superstar, ein wahrhaft majestätischer Hairhopper, das Komiteemitglied par excellence. »Wir haben ein Telegramm bekommen«, rief Buddy fast täglich, »Mary Lou soll einen Tanz anführen.« Und der Kameramann schien sie zu lieben. »Wenn die kleine rote Lampe aufleuchtete, leuchtete auch mein Lächeln auf«, sagt sie und lacht. Bei ihren Auftritten auf Tanzveranstaltungen »kreischten die Jugendlichen richtig, wenn man aus dem Wagen stieg: ›Da ist Mary Lou! Oh, mein Gott, das ist ja Evanne.‹ Autogrammalben und Fotoapparate, das war ihr Lebensinhalt. Zum Geburtstag schickten sie mir Kuchen. Sie standen vor meinem Haus herum. Sie wollten einfach wissen, ob man ein richtiger Mensch war. Ich fühlte mich geehrt, war gerührt von all dem.«

Mary Lou war sich darüber im klaren, daß es in manchen Stadtteilen *nicht* als cool galt, ein Buddy Deaner zu sein. »Natürlich, als Joe College (Schüler einer auf das College vorbereitenden Schule) machte man einfach nicht bei der Deane Show mit.« »Sind Sie je eine Joe College geworden?« fragte ich arglos. »Nein!« antwortete sie mit einer Überzeugung, die mich frösteln ließ.

Aber während *dennoch* immer mehr Jugendliche (selbst »Deane«-Fans) auf das College zusteuerten, machten viele Mitglieder des Komitees den Fehler, nicht mit der Entwicklung Schritt zu halten. Marie Fischer war die erste »Joe«, die in das Komitee aufgenommen wurde – sie wurde schlicht und einfach gewählt, weil sie so eine gute Tänzerin war. Sie erklärt, daß es, ähnlich wie im vorhergehenden Jahrzehnt die *Drapes* und Spießer, »zwei Klassen von Leuten gab – Deaner und Joe College. Der wesentliche Punkt dabei war, daß man das Haar *platt* trug, ganz im Gegensatz zu Buddy Deane«, sagt sie vergnügt. »Ich war eine Außenseiterin. Ich kam jeden Tag in Kniestrümpfen ins Studio, und die mußte ich dann ausziehen. Man *mußte* Nylons tragen. Schon bald bekam ich jede Menge Fanpost: ›Ich finde dich prima. Ich bin auch eine Joe.‹ Es war eine Veränderung im Gange.«

Ein Teil dieser Veränderung war die Rassenintegrationsbewegung. »Ich hatte seinerzeit eine Menge schwarzer Freunde, und daher war das Ganze für mich schwierig«, sagte Marie. »Bis zum heutigen Tage sträube ich mich dagegen, einigen meiner schwarzen Freunde zu sagen, daß ich bei ›Buddy Deane‹ mitgemacht habe, weil sie das als eine schreckliche Zeit betrachten.«

Die Integration setzte der »Buddy Deane Show« ein Ende. Wenn man heute auf das Thema zu sprechen kommt, ziehen die meisten Getreuen es vor, sich nicht öffentlich zu äußern. Aber es spielte sich etwa folgendermaßen ab: »Buddy Deane« war ausschließlich Weißen vorbehalten. Einmal im Monat gab es eine Show nur für Schwarze; es gab aber kein schwarzes Komitee. Also machte die Integrationsbewegung NAACP die Sendung zur Zielscheibe von Protestaktionen. Die Ironie dabei war, daß »The Buddy Deane Show« schwarze Musik und Künstler in das Leben der weißen Teenager von Baltimore einführte, von denen viele von schwarzen Freunden tanzen lernten und schwarze Radiosender hörten. Buddy bot an, drei oder sogar vier Tage ausschließlich Schwarzen einzuräumen, aber das war keine Lösung. Die Protestbewegung verlangte eine Vermischung der Rassen.

Auf verzweifelten Sitzungen des Komitees erklärten viele: »Meine Eltern werden mich einfach nicht mehr herkommen lassen, wenn die Rassenschranken fallen.« WJZ merkte, daß das tatsächlich nicht zu machen war. »So waren die Zeiten eben«, erinnern sich die meisten. »Diese Stadt war einfach noch nicht reif dafür.« Es gab Drohungen und Bombenalarm; Verfechter der Gleichberechtigung schmuggelten Weiße in die Schwarzen vorbehaltenen Shows, die tanzten vor der Kamera Wange an Wange mit Schwarzen, und da war Feierabend. »The Buddy Deane Show« war am Ende. Buddy wollte, daß sie einen versöhnlichen Ausklang haben sollte, aber WJZ verärgerte die Deaner, als man versuchte, den Einschaltquoten die Schuld zu geben.

Am 4. Januar 1964, dem letzten Tag der Show, kehrten noch einmal alle beliebtesten Komiteemitglieder der vergangenen Jahre zu einem letzten Auftritt zurück. »Ich kann mich gut daran erinnern«, erklärte Evanne. »Buddy sagte zu mir: ›Nun, hier ist meine Kleine, die mich am längsten begleitet hat.‹ Ich habe kaum je geweint, aber da bin ich vor der

Kamera in Tränen ausgebrochen. Das war keine Absicht, denn ich hätte doch *nie im Leben* freiwillig mein Make-up ruiniert.«

Im Jahre 1985 sind die Mitglieder des Komitees zum größten Teil glücklich und gesund, leben in Baltimore und werden auf der Straße immer noch erkannt. »Sie haben ihre Figuren in Schuß gehalten, sehen ordentlich aus und sind sehr liebe Menschen«, meint Marie in ihrem reizenden Haus auf dem Land, bevor sie zur University of Maryland fährt, wo sie Jura studiert.

Die meisten sind glücklich verheiratet, haben Kinder und halten das Image aufrecht, das sie in der Show hatten. »Wir sind irgendwie wie Ozzie und Harriet«, sagt Gene Snyder, und Linda nickt zustimmend. »Ich bin eine typische, gutbürgerliche Hausfrau«, sagt Peanuts, »Führerin bei den Pfadfinderinnen, sehr aktiv in der Schule meines Kindes.« Mary Lou ist immer noch ein Star. Niemanden aus dem Komitee überrascht es, daß sie sich einen aufwendigen Lebensstil leisten kann. In ihrem Haus in der Nähe von Allentown, Pennsylvania, serviert sie mir einen wunderbaren Brunch, führt ihre Pelzmäntel vor und posiert neben ihrem Mercedes. »Wenn ich deprimiert bin, gehe ich nicht zum Psychiater; ich gehe zum Juwelier«, sagt sie.

Seltsamerweise sind nur wenige der Deaner, mit denen ich gesprochen habe, ins Show-Biz gegangen. Joe Cash ist Besitzer von Jonas Cash Promotions (»meine eigene Promotions-Firma – wir vertreten Warner Brothers, Columbia, Motown – fünfundachtzig Prozent der Musik, die Sie auf diesem Markt hören«) – und von Active Industry Research (»eine Marktforschungsfirma – ich habe den Vorsitz im Aufsichtsrat«). Evanne und ihr Bruder betreiben die John Brock Benson-Tanzstudios und haben eine Reihe von Tänzern, die im ganzen Bundesstaat in Clubs auftreten. Aber die meisten führen ein *sehr* rechtschaffenes Leben.

Und niemand ist verbittert. Obwohl das Komitee damals für WJZ eine wirksame Werbung war und die Mitgliedschaft ein volles Arbeitspensum bedeutete, bekam niemand (von den Teen-Assistenten abgesehen) einen Penny bezahlt. Es wurde sogar erwartet, daß man Werbespots machte. Mary Lou lacht, als sie sich daran erinnert, wie sie vor der Kamera für ein Pickelmedikament geworben hat. Und wer kann diese herrliche Reklame für Möbelschonbezüge aus Plastik vergessen, die damit anfing, daß die Jugendlichen auf dem Sofa herumsprangen und ein Fernsehansager schrie: »Hey, Leute! *Runter von den Möbeln*!«? Oder für den Bob-a-Loop? Oder für die Hartford Motor Coach Company? Oder für Kuschelpuppen? Die Deaner hatten nichts dagegen. Marie formuliert es so: »Der emotionale Wert war so groß, daß man keine Bezahlung verlangen mußte.«

Als die Show eingestellt wurde, ist es vielen schwergefallen, mit der Leere fertig zu werden. Gene bezeichnet es als »enormen Verlust«. »Es war doch, als lebte man in einer Phantasiewelt«, sagt Helen, »und später, als wir erwachsen wurden, traf uns ein harter Schlag: die Realität.« »Ich habe immer noch eine ganze Kiste voller Fanpost«, meint Evanne. »Wenn ich deprimiert bin, denke ich manchmal: ›Nun, die hilft dir wieder auf die Beine‹, und dann gehe ich nach unten und stöbere in der Kiste.«

Mehr als alle anderen hält Arlene Kozak, die von allen Komiteemitgliedern bei weitem am meisten geliebt wird, an ihren Erinnerungen fest. (Auf der letzten Wiedersehensfeier schenkten sie ihr eine diamantenbesetzte Uhr.) »Vermissen Sie das Show-Biz?« frage ich sie. »Nicht das Show-Biz«, antwortet Arlene zögernd, »aber die Plattenbranche, die Leute. Ja, das vermisse ich sehr. Wenn ich ehrlich bin: Ich glaube nicht, daß ich je über den Verlust hinwegkommen werde.«

Viele Ehegatten von Komiteemitgliedern mußten sich mit einer noch größeren Anpassung auseinandersetzen. In »gemischten Ehen« (mit Nicht-Deaners) ärgerten sich viele der Außenseiter über die Vergangenheit des Partners. »Mit einundzwanzig heiratete ich einen professionellen Football-Spieler, und der zwang mich, meine gesamte Fanpost zu verbrennen. Ich hatte ganze Koffer voll davon. Er war sauer, weil ich genauso populär war wie er. Er hatte einfach kein Verständnis.«

Aber einige nahmen die Probleme mit Humor. Als Mary Lous Ehemann mir am Telefon die lange und komplizierte Beschreibung des Weges zu ihrem Haus durchgab, schloß er so: »Und dort finden Sie, ganz recht, Mary Lou Raines.« Später vertraute er mir an, daß er keine Ahnung von ihrer früheren Karriere hatte, als er anfing mit ihr zu gehen. »Überall, wo wir auftauchten, sagten die Leute: ›Da ist Mary Lou.‹ Ich hab' mich gefragt, ob man sie gerade aus dem Zuchthaus entlassen hatte.«

Das Phänomen »Buddy Deane« ist absolut nicht tot. Jede Wiedersehensfeier (und eine neue ist in der Planung) scheint größer zu sein als die vorherige. Überall scheinen Deaner hervorzukriechen, angelockt von der Erinnerung an ihre Berühmtheit. Von St. Charles, Arkansas, wo Buddy ein Jagd- und Angelhotel besitzt und manchmal im regionalen Fernsehen auftritt, pilgert er zurück, um Hits aufzulegen und Multiplikationstänze, Damenwahl und nach ein paar Drinks sogar den Limbo anzusagen. Einigen der wirklich hingebungsvollen Komiteemitglieder treten Tränen in die Augen. Ist es wirklich schon zwanzig Jahre her? Ist das denn die Möglichkeit?

Warum bringt das Fernsehen in Baltimore nicht wieder die »Deane Show«? Nur ein einziges Mal. Eine Sondersendung. Die Wiedersehensfeier an sich. Im ganzen Land könnten die Deaner sich wieder erheben, sich am Fuße von Television Hill versammeln und dann den Madison den Berg hinauf tanzen (»Ihr seht klasse aus. Eine schöne, starke Reihe!«), bis zum Set jener berühmten Tanzparty, in dem jetzt eine Talk-Show zu Hause ist. Die »große garagentorartige Tür«, die ihnen noch in Erinnerung ist, würde sich öffnen, und sie würden sich alle hineindrängen, vorbei an den Pinkerton-Wachmännern, die früher schon Bereitschaftsdienst hatten, und sie würden sich in Arlenes Büro schieben, um ihr Haar zu richten, ihre Probleme loszuwerden und ihr Make-up aufzufrischen. Buddy könnte seinen Platz unter seiner legendären Top-20-Tafel einnehmen, und die Spannung würde steigen. »Noch zehn Sekunden bis zur Sendung . . . drei, zwei, eins, *meine Damen und Herren . . . die nettesten jungen Leute der Stadt*!«

Wie werde ich berühmt

Wenn man es sich überlegt, ist es einfacher, berühmt zu werden, als eine Arbeitsstelle zu bekommen. Und seien wir ehrlich; berühmt sein möchte jeder. Mehr als reich, mehr als glücklich, mehr als erfolgreich. Na, auf was wartest du? Schmeiß die Schule, vergiß deinen langweiligen Job, laß die nörgelnden Eltern hinter dir. Laß alle Vorsicht fahren, schnapp dir deine schwarze Sonnenbrille, und bereite dich darauf vor, in die wundervolle Welt des Showbusineß zu düsen. Möchtest du nicht auch lieber ein Autogramm geben als ein Mädchen küssen? Dich und die auf Stars versessene dumme Nuß, mit der du gehst, von Paparazzi nerven lassen, statt eine reife, solide Beziehung einzugehen, die doch nur mit der Scheidung endet? Ein Arschloch sein statt eines Vorbilds?

Du weißt, daß du ganz große Klasse bist; warum bildest du dir also nicht so richtig etwas darauf ein? Beweise deinen bescheuerten Freunden, was sie in ihrer Blindheit so viele Jahre nicht erkannt haben. Ich rede hier nicht über Talent – diese herablassenden Säcke sind sowieso vollkommen verknöchert –, ich meine Prominenz: Tamtam, Premieren, Liz Smith, die »Seite 6« der *New York Post*, die Zeitschrift *People*, eben das, was wirklich zählt. Was dir das geben kann, was du wirklich willst vom Leben: Drogen für lau, Groupies, Starallüren und der berauschende Kitzel, alle Leute feuern zu können, die dir geholfen haben, dich nach oben zu rackern.

Nimm dir ungefähr fünf Sekunden Zeit, um dich für eine Karriere zu entscheiden. Bist du laut und häßlich? Hast du ekelerregend schlechten Geschmack in bezug auf Kleidung? Wenn ja, werde Rock-Star. Konntest du in Mathe immer gut mogeln? Klarer Fall, Filmproduzent. Warst du begeistert, als du im zweiten Studienjahr deine halbe Klasse mit Tripper angesteckt hast? Du bist dazu berufen, Filmstar zu werden. Stand im Jahrbuch der High School unter deinem Foto »notorischer Lügner«? Dann kannst du auch Präsident werden. Und wenn du deine Clique immer mit schmuddeligen kleinen Flunkereien über deine sexuellen Eroberungen angemacht hast, ist die Bestsellerliste dein angestammtes Zuhause.

Nachdem du nun deine selbstgekürte wertvolle Zeit auf diese unwichtigen Entscheidungen vergeudet hast, wollen wir zum ernsten Teil übergehen. Wie wirst du berühmt? Wie bringst du die ganzen skeptischen Dummköpfe aus deiner langweiligen Vergangenheit dazu, zu Kreuze zu kriechen und darum zu betteln, daß sie nur eine einzige Sekunde in deiner erlauchten Gesellschaft verbringen dürfen? Bitte sehr: Wie werde ich berühmt? Ein einfaches Zehn-Punkte-Programm.

1) Übertreibe deine Eigenschaften. So bekommt man viel leichter eine Reaktion von der Umwelt. Wenn du übergewichtig bist, iß zehn Torten. Wenn du kränklich bist und man dir an jedem Strand Sand ins Gesicht treten würde, fang an Appetithemmer zu nehmen. Hautprobleme? Kleinigkeit – reib dir eine Tüte Kartoffelchips ins Gesicht und nenn dich künftig »Pickel«. Wenn du zuviel oder zuwenig von irgend etwas hast, ist alles in Ordnung. Egal was es ist.

Hast du einen miesen Charakter? Nun, werde noch giftiger. Ryan O'Neal ist doch gar nicht so sehr wegen seiner Filme berühmt als wegen der Tatsache, daß er seinem Sohn zwei Vorderzähne ausgeschlagen hat und ansonsten ein hundertfünfzigprozentiger Muffel ist. Wenn du als Politiker Karriere machen willst, gib rassistische Äußerungen ab, die die Presse mitbekommt; diese Freveltat wird dich vielleicht deine erste Wahl kosten, aber man wird jede Menge über dich schreiben, und dein Name wird in aller Munde sein. Und dann kannst du in der nahen Zukunft ein erfolgreiches »Comeback« starten.

Nimm einen anderen Namen an und töte dein altes Selbst, das doch nur ein durchschnittlicher Niemand war. Hätten Merle Johnson (Troy Donahue) oder Herbert Khaury (Tiny Tim) mit diesen peinlichen Namen je Erfolg gehabt? Sitzen Halston und Meat Loaf im Grunde nicht im selben Boot? Denk nur an den obszönen Künstlernamen Peter O'Toole. Welcher Name könnte überhaupt noch zotiger sein? Muff O'Clit? Welches Image du auch in deinem alten Leben gehabt haben magst, ändere es ohne jede Warnung, tu genau das Gegenteil von dem, was die Leute erwarten. Wenn du der Football-Star deiner High School bist, wirf dein Sportsuspensorium weg und gib mit nichts anderem als einem Hüftgürtel und Schützern gegen Achselnässe bekleidet dein Debüt als Rocker. Wenn du in deiner Klasse der Prügelknabe warst, der von den Jungs vermöbelt wurde, weil er es eher riskierte, von der Schule zu fliegen, als am Sportunterricht teilzunehmen, räche dich an diesen Mistkerlen, indem du einen wissenschaftlichen Artikel über die hohe Impotenzrate bei High-School-Sportlern schreibst. Wenn du das Mädchen mit der flachsten Brust und dem häßlichsten Gesicht warst, schockiere deine ganze Klasse, indem du die Hauptrolle in einem Pornofilm spielst, bei dessen Premiere auf dem Campus die Polizei eine Razzia macht. Wenn du den schlechtesten Notendurchschnitt der Klasse hattest und deshalb »Holzkopf« genannt wurdest, plagiiere ein vergriffenes Buch irgendeines Zeilenschinders, bringe es als dein eigenes heraus, laß dich erwischen und rühre dann während des Prozesses die Trommel für dein neues Buch. Mit anderen Worten, bring dich ins Gespräch, selbst wenn das Gerede ausschließlich negativ ist. Das kann dir doch egal sein, Hauptsache, man schreibt deinen Namen richtig!

2) Mach Reklame für dich. Jayne Mansfield, der perfekteste Filmstar aller Zeiten, spazierte zu Beginn ihrer Karriere immer spärlich bekleidet mit einem Bikini aus Leopardenfell den Hollywood Boulevard entlang, führte einen fauchenden Ozelot an der Leine und verteilte mit Autogramm versehene Fotos von sich an verwirrte Passanten. Als sie beschloß, das Muskelpaket Mickey Hargitay in einer vollkommen durchsichtigen, gläsernen Kapelle zu ehelichen, versprach sie dem Geistlichen eine ganz stille Hochzeitszeremonie. Dann wurde ihr die Dummheit dieses Versprechens bewußt, und sie ließ in letzter Minute Hunderte von rosa Karten mit dem Text »Sehen Sie, wie Jayne Mansfield unter Glas heiratet« sowie Datum, Zeitpunkt und Ort des Ereignisses drucken und sie von einem Hubschrauber über Hollywood abwerfen. Natürlich zertrampelten Horden von sensationssüchtigen Gaffern das Gelände, rissen Blumen aus, verwandelten das gesegnete Ereignis in ein einziges Chaos – und sicherten Jayne die Schlagzeilen, für die sie lebte und starb.

Folge dem Beispiel dieses wunderbaren Stars und entwerfe deinen eigenen Feldzug zum Ruhm. Schrecke vor *nichts* zurück, um in die Zeitung zu kommen. Gehe nackt zur Maiköniginfeier in der Grundschule deines Bezirks. Laufe in deinem Stadtteil durch die Vorgärten und stecke schockierende Fotos von dir in alle Sonntagszeitungen. Mische in einem Nobelrestaurant einige Glassplitter in dein Essen, mache eine Szene, reiche die Klage ein und ziehe sie dann großherzig wieder zurück mit der Erklärung, deine lädierten Stimmbänder brächten wie durch ein Wunder eine aufregende neue Gesangsstimme hervor. Türke eine Sensationsgeschichte, laß dich erwischen und mache deiner Zeitung so jede Menge Ärger. Schwärze deinen freundlichen Chef, der dich als einziger eingestellt hat mit deinem blauen Irokesen, wegen geringfügiger Verstöße gegen die Gesundheitsvorschriften am Arbeitsplatz an und starte dann eine Karriere als Verbraucherberater. Wenn im Fernsehen das nächste Mal »The Burning Bed« wiederholt wird, schicke Presseerklärungen an die lokalen Nachrichtenredaktionen und teile darin den genauen Zeitpunkt mit, wann du deine Frau zu schlagen gedenkst. Bezichtige den Direktor deiner High School der Kindesmißhandlung und klappere dann als Sprecher mißbrauchter Teenager die Talk-Shows ab. Mach schon, unternimm *irgend etwas*, um Gottes willen, sonst wird du *nie* bekannt!

3) Benutze deine Familie. Wohltätigkeit beginnt zu Hause, sagt man, und manche Karriere im Show-Biz ist von reichen Verwandten finanziell gefördert worden. Falls du das Glück hast, reiche Eltern zu haben, um so besser. Kalkuliere schon früh im Leben ihre Vermögenswerte, damit es kein Durcheinander gibt, wenn für sie der Zeitpunkt kommt, ihren ganzen Besitz flüssig zu machen, um deine Karriere zu finanzieren. Falls Gewinsel, Gekreische und trotziges Aufstampfen mit dem Fuß nichts hilft, versuche es mit Schuld als Überzeugungsmittel, und zögere nur nicht, alle wirklichen und eingebildeten Leiden, die du in deiner Kindheit erfahren haben magst, auszukotzen. Falls alle anderen Strategien versagen, erpresse sie. Erkläre ihnen, daß du vorhast, eine Geschlechtsumwandlung machen zu lassen und in das Haus nebenan einzuziehen, wenn sie nicht die Flocken abdrücken.

Wenn sie erst einmal eingewilligt haben, sind Lügen hilfreich. Falls du einen Low-Budget-Horrorschocker mit dem Titel »Darmlutscher« drehen willst, erzähle ihnen das nicht. Erfinde statt dessen ein Scheinprojekt, das zur Ideologie deiner Eltern paßt. Wenn Mami und Papi progressiv sind, tue so, als wolltest du für einen privaten Kultursender einen Dokumentarfilm drehen, der die Gesundheitsrisiken von Frühstücksflocken für Kinder ins Interesse der Öffentlichkeit rückt. Und wenn sie konservativ sind, wie wäre es dann mit einem ansprechenden Titel wie »Bombardiert Biafra«? Wenn sie zur Premiere kommen, merken, daß sie angeführt worden sind und ausflippen, mach ein Foto von ihnen. Das wird dir bei der weiteren Werbung für dein Projekt nützlich sein. Was können sie schon machen? Dir das Taschengeld sperren?

4) Geh nach Europa. Dort kannst du so viele Lügen über deine Taten in der Vergangenheit verbreiten, wie du willst, und brauchst keine Zeit damit zu vergeuden, in Amerika wirklich etwas zu *leisten*! Kein Mensch wird es herausfinden. Komponiere einen wahnsinnig erfolgreichen Lebenslauf, und spare keinesfalls an Märchen. Erzähl den Leuten, daß du einen Broadway-Hit hattest, der drei Jahre gelaufen ist, oder daß eine

Platte von dir in Chicago auf Platz sechs der Hitparade gekommen ist. Was wissen die schon? Wen wollen sie anrufen?

Wenn du nicht zu lange in einem Land bleibst, sondern beweglich, kannst du wirklich kreativ werden. Stelle ein Ausschnittalbum von deinem Lieblingsstar zusammen, setze dein eigenes Konterfei auf die Fotos und schlüpfe wirklich in die Identität der betreffenden Person. Behaupte, ein Originalmitglied der Shirelles oder Vandellas zu *sein* und laß dich für Konzerte buchen. Oder kämme die Nachrufe auf Leute aus dem Show-Biz durch, übernimm die Karriere von Edie Sedgwick oder Patsy Cline und lebe deren Leben in Europa so, wie sie es deiner Meinung nach hätten leben *sollen*! Bis dir jemand auf die Schliche kommt, bist du längst reich geworden und nach Amerika zurückgekehrt, bist gewappnet und voller Schmu über deine Erfolge in Europa. Aus Publicity erwächst weitere Publicity, und deshalb bist du in dem einzigen Land, das wirklich zählt, in Amerika, auf dem Weg nach ganz oben.

5) Sei ein Tier. Ich weiß, daß es lächerlich klingt, aber denke darüber nach. Manchmal ist es klüger, auf einem Gebiet anzutreten, wo es weniger Konkurrenz gibt. Ich meine, wen gibt es schon außer den Abgehalfterten (Lassie, Rin Tin Tin), den Klassikern (Francis, das sprechende Maultier, Mr. Ed), den Zeitgenossen (Benji, Willard und Ben) und diesem taktlosen Newcomer Phar Lap das Pferd (der finanziell gesehen ein gigantischer Mißerfolg zu sein scheint)? Als Tier kannst du jede Menge Werbeaufträge bekommen, findest Anklang bei Senioren und Kindern und hast – das ist die Hauptsache – eine Chance, die meistbegehrte, prestigeträchtigste Trophäe zu gewinnen, die Hollywood zu bieten hat, nämlich den Patsy Award – der als Oscar für Tiere bekannt ist. Alvin, hörst du zu? Alvin! ALVIN!!!

Falls du aufgepaßt hast, hast du gelernt, wie man zumindest einen Fuß in die Tür bekommt, und deshalb möchte ich nun zu Teil zwei der Lektion übergehen – Wie bleibe ich berühmt. Das ist manchmal etwas kitzlig, aber wer möchte schon eine Eintagsfliege sein? Da müssen drastische Maßnahmen erwogen werden; harre also bei mir aus. Die Wartung des Ruhms ist sogar von noch größerer Bedeutung, da es darum geht, auf all deine neidischen Freunde von früher nachhaltigen Eindruck zu machen. Weigere dich, mit ihnen zu sprechen. Dreh deine Nase nach oben und gib dich schroff. Bei dir wird man niemals von einem »Comeback« sprechen – du wirst *immer* ein Star sein.

6) Habe sexuelle Probleme. Und gib sie als originell aus. Noch besser, hasse Sex und äußere mit päpstlichem Gehabe, was für eine peinliche

und unsaubere Aktivität es ist und wie demütigend die Erfahrung sein kann. Wenn du das Pech hast, heterosexuell zu sein und trotzdem hartnäckig auf Affären bestehst, achte darauf, daß du sie mit einem Blutsverwandten hast, vorzugsweise mit deiner Mutter oder deinem Vater.

Wenn du unbedingt eine Autobiographie schreiben mußt, in der du Affären mit Prominenten ausplauderst, sorge dafür, daß deine sexuellen Abenteuer wenigstens originell sind; deine »wilde Nacht« mit Don Knotts, das »himmliche Erlebnis«, bei Spiro Agnew Fellatio gemacht zu haben oder das »Nirvana« der oralen Befriedigung bei Clara »Wo-ist-das-Fleischfleisch«-Peller. Versuche, mit Prominenten zu prahlen, mit denen du es *nie* getrieben hast (hoffentlich Shelley Winters, Alana Stewart, Maggie Trudeau), und wenn du auf Geröchel bestehst, mußt du aufpassen, daß es *wahrhaft* pervers ist (Yoko Ono, Henry Kissinger, Ed MacMahon). Denke immer daran, daß eine reife, liebevolle, ganz normale Beziehung garantiert Karrieremord ist. Vermeide sie um jeden Preis.

7) Werde krank. Gehe umgehend in die Betty Ford-Klinik, aber komme nicht als Sieger wieder heraus, sondern verlasse sie vorzeitig und spritze dir auf dem Set deiner großen neuen Fernsehserie Heroin in die Augäpfel. Halte Pressekonferenzen über andere Patienten ab – erzähle, daß Mary Tyler Moore dich veranlaßt hat, Leim zu schnüffeln oder daß Liz Taylor dich dazu gebracht hat, Tipp-Ex zu inhalieren. Meckere darüber, daß Betty Ford selbst, diese Fleisch gewordene Ausgabe der Schwester Ratched (aus *One Flew Over The Cuckoo's Nest*), Klistiere verabreicht, auf den Fluren patrouilliert und Prominente prügelt, die auf »cold turkey« sind.

Noch besser, du hörst auf zu essen und behauptest, die Krankheit zu haben, die heutzutage den meisten Neid erregt, Anorexie. Tritt mit einem Körpergewicht von sechzig Pfund in der »Johnny Carson Show« auf und mach Reklame für dein neues Diätbuch. Versuche es mit Dschungelfieber, Beriberi oder Lepra – die sind 1986 alle brandneu.

8) Sei unglücklich. Die Leute mögen nichts mehr als Unglück bei denen, die ganz oben sind. Drogensucht oder Trunkenheit in der Öffentlichkeit sind viel zu verbreitet, um große Wirkung zu haben, aber Selbstmordversuche sind immer für eine offizielle Verlautbarung gut. Versuch doch, von einem Gebäude zu springen und auf einem Prominenten zu *landen*. Oder dich mit einer winzigen Sicherheitsnadel zu erstechen. Falls deine Eltern berühmt sind, solltest du darauf hoffen, daß sie bei einem Attentat umkommen, damit dir zur besten Sendezeit im Fernsehen ein Bericht über die Beerdigung zuteil wird. Trage immer

Glyzerin und eine Pipette bei dir für den Fall, daß deine Tränenkanäle austrocknen, wenn man Großaufnahmen von dir machen will.

9) Bring jemanden um. Und such dir als Opfer eine berühmte Person aus – der einzige, todsichere Weg, um über Nacht zu Titelblattruhm zu kommen. Und dieser Schrott von versteckten Klatschkolumnen kommt natürlich auch nicht in Frage. Nur Seite eins. Harte Nachrichten. Im ganz großen Stil. Wir wollen doch schließlich in aller Munde sein.

Zuerst stellst du deinem Lieblingsstar nach. Such dir einen aus. Irgendeinen. Was hältst du von Katherine Hepburn? Die ist so überheblich, so moralisch und so gottverdammt tugendhaft. Da wir wissen, daß Miss Hepburn der Draht aus der Mütze springt, falls jemand im Publikum es *wagt*, ein Foto von ihr auf der Broadway-Bühne zu machen, versuchst du einfach, sie während ihres Auftritts in ihrem nächsten Drama mit einer Blitzlichtkamera auszuleuchten, und dabei kreischst du: »Los, Katherine, zeig dich! So ist es schön! Liefer mir ein bißchen Zorn! Klasse, Herzchen, große Klasse!« Sieh zu, wie sie einen Herzanfall erleidet. Schließlich hast du deine Eintrittskarte bezahlt, oder etwa nicht?! Was wollen die denn?

Miete irgendwo ein schäbiges kleines Zimmer und laß dort jede Menge mysteriöser Notizen herumliegen, die die Presse sofort entdekken kann, nachdem du zugeschlagen hast. Besser noch ein Tagebuch. Brüte. Sei besessen. Rasiere dich nie. Phantasiere darüber, welche Erleichterung das Gefängnis doch sein wird – kein Telefonklingeln, mietfreies Wohnen, die Möglichkeit, endlich an deinem Roman zu arbeiten. Und stell dir nur vor, vielleicht kommst du ja auf den elektrischen Stuhl, und »60 Minutes« berichtet über dich. Falls nicht, genießt du einfach die Vorfreude auf deine Entlassung. Endlich wird man dir ein wenig Respekt zollen. Wird Charles Manson, wenn er schließlich auf Bewährung aus der Haft entlassen wird, vor irgendeinem miesen, angesagten New Yorker Night-Club Schlange stehen müssen? Der Laden, in den man *dich* letzte Woche nicht einlassen wollte? Ha! Das soll wohl ein Witz sein? Bitte, hier entlang, Mr. Manson. Kostenlose Getränkebons gefällig? Sie möchten »Helter Skelter« hören? Kommt sofort!!

10) Stirb. Laß dich umbringen. Zu rigoros? Nun, ich dachte, du meinst es ernst. Hat Sharon Tates Ermordung sie nicht berühmter gemacht als jeder ihrer Filme? Haben die Karrieren von Indira Gandhi, Sadat, JFK und RFK nicht alle angezogen und *angedauert* nach ihren reißerischen Abgängen? Selbst ein formvollendeter natürlicher Tod kann einen unsterblich machen – wochenlange Berichterstattung in den Zeitungen war nötig, bis Henry Fonda endlich an Altersschwäche starb.

Achte darauf, daß du dein Begräbnis im voraus planst, damit du so stilvoll abtreten kannst, wie du es dir wünschst. Die arme Jayne Mansfield hatte keine Vorkehrungen getroffen, und so wurde sie in Pen Argyl, Pennsylvania, beerdigt, Herrgottnochmal. Ihr eigener ehemaliger Presseagent gibt zu, daß Jayne sich »ein majestätisches Hollywood-Begräbnis« gewünscht hätte, »umgeben von zwei Dutzend langhaarigen italienischen Jungs in engen Hosen, während Chubby Checker auf ihrem pinken Sarg Twist tanzt«. Man muß vorausplanen, Jayne. Vorausplanen.

Es hilft auch, wenn man ein durch und durch verachtenswertes Leben geführt hat. Familie und Freunde werden keine Sekunde zögern, giftigen Biographen alle Einzelheiten zu verraten. Und die werden dafür sorgen, daß bei den nächsten paar Generationen von Prominentengaffern dein schlechter Ruf berüchtigt sein wird.

Du siehst also, es ist ganz simpel. Befolge diese zehn einfachen Punkte, und dann kannst auch du berühmt sein. Alles in allem möchtest du doch lieber tot sein als unbekannt, nicht wahr?

Sündige Freuden

Für einen Katholiken ist Schuld etwas ganz Natürliches. Nur ist sie bei mir genau umgekehrt. Ich verkünde ad nauseam, wie sehr ich Filme wie *Dr. Butcher, M.D.* oder *My Friends Need Killing* liebe, aber was mich wirklich mit Scham erfüllt, ist die Tatsache, daß ich ganz im geheimen ein Fan von dem bin, was unseligerweise als »Filmkunst« bekannt ist. Bis ich den letzten Satz geschrieben habe, war ich immer bestrebt, das Wort »Kunst« niemals von mir zu geben, es sei denn, es ginge um Kunstdünger. Es ist ein wenig bekanntes Faktum, daß ich mich, obwohl ich nach außen immer den enthusiastischen Freund von Schundfilmen mime, tatsächlich verkleidet in Filme mit künstlerischem Anspruch schleiche (und bei Gott hoffe, daß ich nicht erkannt werde), so wie Geschäftsleute in der Mittagspause schnell in Pornos gehen. Es ist mir wirklich peinlich.

Man gebe mir Schwarzweiß, Untertitel und ein winziges Budget, und schon bin ich beeindruckt. Ich bin ein echter Anhänger von elitären New Yorker Filmtheatern wie dem ›Cinema III‹ (es ist mein Lieblingskino, weil es so bequem eingerichtet und der Eintritt immer hoch ist) oder auch dem ›Paris‹, wo man, wenn man nach Popcorn fragt, angeschaut wird, als sei man Abschaum und verlange Heroin, und dann höhnisch mitgeteilt bekommt: »Also wirklich! Wir führen keine *Erfrischungen.*« Ich bin so sehr daran gewöhnt, daß das Publikum in Non-Stop-Kinos die Leinwand anbrüllt, daß es eine echte Erholung ist, unter gesitteten Zuschauern zu sitzen. In diesen Theatern lausche ich nie, weil die Gespräche in der Regel geradezu aufreizend prätentiös sind. Es ist auch problematisch, laut über etwas zu lachen, was man vielleicht als einziger komisch findet (besonders wenn es sich um einen deutschen Film handelt – Deutschland findet man in einem solchen Publikum *nie* komisch). Diese Filmfreunde sind sehr empfindlich, was Humor anbelangt, und sie drehen sich um und starren einen finster an, wenn sie den Lacher unpassend finden.

Wie jeder gute Filmsnob bin ich entsetzt, wenn die Filme synchronisiert sind. Obwohl ich nur Englisch spreche, kommt mir ein Dialog in einer fremden Sprache immer bedeutsamer vor. Ich tue so, als lernte ich irgendwie durch das Anschauen dieser Filme eine neue Sprache, aber ich schätze, ich sollte aufrichtig sein und zugeben, daß *Das Boot* der einzige ausländische Ausdruck ist, den ich in zwanzig Jahren zu lernen vermocht habe. Soviel zum Internationalismus.

An Filmkunsttheatern mißfallen mir allerdings die Vorschauen, in denen nie die besten Szenen gezeigt werden. Statt dessen bekommt man hochgestochene Zitate wie »Ein Meisterwerk der Filmkunst – Archer Winsten, *New York Post*« oder »Ich bin in Laura Antonelli verliebt – Rex Reed, *New York Daily News*« vorgesetzt. Selbst die todernsten Cinephilen kriegen da das Heulen, und ich glaube, daß den so angekündigten anspruchsvollen Produktionen auf lange Sicht bestimmt Publikum verlorengehen wird. Was ist denn auszusetzen an ein wenig Tamtam in solchen Fällen? Wäre es nicht eher im Interesse der Kinogänger, wenn man sich an das bewährte Schema halten würde? Wie wäre es mit »Sehen Sie, wie Bibi Andersson sich die Pulsadern aufschneidet!« oder »Schauen Sie in der Regie von Robert Bresson einen ganzen Film an, in dem nichts passiert« oder »Endlich! Ein Schwarzweiß-Film, der vier Stunden dauert und untertitelt ist – *La Maman Et La Putain* – demnächst in Ihrem Theater!«

Meine Kinogewohnheiten als Teenager in Baltimore waren vollkommen schizophren. Ich schaute mir damals vier Filme am Tag an – zum Beispiel fing ich mit *Door To Door Maniac* mit Johnny Cash in der Hauptrolle an und eilte dann in die Nachmittagsvorstellung des eben angelaufenen *El angel exterminador*. Nachdem ich ein Sandwich verschlungen hatte, konsumierte ich vielleicht im mittlerweile geschlossenen ›7-East‹, dem auf obskure Weise interessantesten Filmkunsttheater der Stadt, die Abendvorstellung von *Hagbard and Signe* und rundete das Ganze mit der Spätvorstellung eines Streifens wie *Angel, Angel, Down We Go* ab.

Da ich mich so verwirrenden Einflüssen aussetzte, drehte ich schließlich Schundfilme für anspruchsvolle Filmtheater, aber bekannt habe ich mich immer nur zu den Trash-Streifen. Ich glaube, es wird Zeit, daß ich meine verkappten künstlerischen Neigungen gestehe und zugebe, daß die folgenden zehn Filme mich genauso beeinflußt haben wie der ganze Schrott, den ich mir mein Leben lang in den Kinos so liebevoll zu Gemüte geführt habe. Es ist, als würde ich zur Filmkunstbeichte gehen, und ich bin sicher, daß meine Buße darin bestünde, Reue zu zeigen und mir zehnmal *Ilsa She-Wolf of the S. S.* anzuschauen. Nur würde es mir nicht von Herzen leid tun, ich wäre nur ewig beschämt.

Interiors (1978, Woody Allen). Ja, *Interiors.* Ich weiß, daß meine Leser glauben werden, ich benehme mich absichtlich pervers, aber ich halte diesen Film für ein Meisterwerk, obwohl mein Gesicht puterrot anläuft, während ich dies schreibe. Ich habe ihn mir vergangene Woche sogar noch ein zweites Mal angesehen, weil ich meiner anfänglichen Schwärmerei nicht traute, aber ich weiß jetzt, daß ich recht habe. Verlangen Sie, was Sie wollen, *Interiors* hat es – Schmerz, Scheidung, Selbstmordversuche, Religion, Rivalität unter Geschwistern, Kommunikationsunfähigkeit – alle meine Lieblingsthemen für einen »ernsten« Film.

Die schauspielerischen Leistungen sind brillant. Besonders die von Geraldine Page. Allein ihr Gesichtsausdruck während ihrer inneren Zerrissenheit ist den Eintrittspreis wert. Kein Wunder, daß sie verrückt ist bei diesen derartig anmaßenden Filmkindern. Zwei Lieblingsszenen: als E. G. Marshall Geraldine Page in der Kirche erklärt, daß er wieder heiraten möchte und sie die Kontrolle verliert, Kerzen umwirft und in einer Kamerafahrt aus der Kirche stürmt, die einen wirklich in Stücke reißt; und die Szene mit dem Selbstmordversuch, die mit Großaufnahmen von schwarzem Kreppband anfängt, welches mit einem trommelfellzerreißenden Geräusch heftig von der Rolle gerissen und anschließend benutzt wird, um damit jedes Fenster und jede Tür abzudichten, bevor der Gashahn aufgedreht wird. Selbst Bergman wäre neidisch.

Woody Allen sollte nur ernste Filme drehen und niemals als Hauptdarsteller in seinen eigenen Produktionen auftreten. Wäre *Interiors* in schwedischer Sprache gefilmt und mit Untertiteln und wäre er unter einem *nom de plume* inszeniert worden, hätte er die euphorischen Kritiken bekommen, die er verdient hätte. Statt dessen waren die Kritiker offenbar entrüstet, weil Woody Allen nicht versucht hat, komisch zu sein und haben ihn behandelt, als wenn Russ Meyer Twiggy in einem Film die Hauptrolle gegeben hätte anstatt einem seiner Busenwunder.

Die Filme von Marguerite Duras. Miss Duras macht die Art von Filmen, für deren Empfehlung man sich selbst von seinen engsten Freunden einen Kinnhaken einhandelt. Falls es so etwas wie *gute* Avantgardefilme gibt, dann ist das ihr Verdienst. Ich glaube zwar, daß Anspruch die schlimmste Sünde überhaupt ist. Marguerite Duras aber hat die Prätention ins Grenzenlose gesteigert und zum Stil erhoben. Sie ist die Exzentrikerin par excellence. Ihre Filme sind aufreizend langweilig, aber tatsächlich recht schön. Nachdem ich ihre Arbeiten gesehen habe, meine ich zu wissen, wie es sein muß, wenn man unter Hypnose steht.

Ihr vielleicht unmöglichstes Opus bis jetzt ist *The Truck.* Während des gesamten Films sitzt die Regisseurin mit Gérard Depardieu in einem nichtssagenden Raum, sie lesen das Script des Films, und etwa alle zehn Minuten wird die Monotonie von einer ebenfalls monotonen Aufnahme eines blauen Lastwagens abgelöst, der endlos, aber friedlich durch die französische Landschaft fährt. Wenn Andy Warhol das mit dem Empire State Building gemacht hat, warum sollte Marguerite Duras nicht mit französischen Lastwagen durchkommen? Ich weiß nur, daß ich, auf meinem ersten Trip nach Cannes vom Flughafen Nizza kommend, Marguerites »Laster« hundertmal auf der Schnellstraße gesehen und mich wieder hypnotisiert gefühlt habe. Das habe ich nach *The Car* oder *Car Wash* nicht erlebt.

Noch besser als *The Truck* anzuschauen, war es, Marguerite Duras bei der Premiere von *India Song* im ›Carnegie Hall Cinema‹ leibhaftig zu sehen. Als ich in der Schlange anstand, bemerkte mich der Geschäftsführer, lachte und ließ mich gratis hinein. Der Film ist nahezu perfekt, wenn Perfektion darin besteht, das zu vollenden, was man sich vorgenommen hat, egal wie absurd oder affektiert das Ziel auch ist. Der Film ist so gestelzt, streng und bezaubernd schön, daß er schon fast kein Kino mehr ist – es ist, als wohnte man einer schicken Performance bei.

Anschließend wollte Miss Duras nur ungern erscheinen, um über ihren Film zu »diskutieren«. Sie war noch besser, als ich es mir in meinen wildesten Träumen vorstellen konnte. Zunächst einmal weigerte sie sich, Englisch zu sprechen, und sie hatte einen Übersetzer, der es auch nicht konnte oder, so vermutete ich, nicht wollte, bis das Publikum zu brüllen begann. Die wenigen Kommentare, die ich verstehen konnte, waren zum Schießen: »Im Grunde ist es mir einerlei, ob sich jemand meine Filme anschaut« und »Ich habe zwei neue Filme gedreht, mich aber noch nicht entschieden, ob ich sie jemals irgend jemandem zeigen werde.« Mein Lieblingskommentar war: »Die Rezeption meines Werkes, der ich den Vorzug gäbe, sähe so aus, daß sich die Zuschauer alle meine Filme nacheinander anschauten, weil es so diffiziler wäre.« Ich möchte gern die Menschen kennenlernen, die ihr das Geld geben, um diese fabelhaften Filme zu drehen. Sie müssen sehr, sehr reich oder sehr, sehr geisteskrank sein.

Nära livet (An der Schwelle des Lebens, 1958, Ingmar Bergman). Als ich in der High School war, schlich ich mich immer heimlich in ein lokales College, um mir eine vollständige Retrospektive der Filme von Ingmar Bergman anzuschauen. Mit Ausnahme von *Scener ur ett aektenskap* (Szenen einer Ehe) liebe ich Bergman immer noch (selbst *Das Schlangenei*). Aber »An der Schwelle« ist mein (persönlicher) Lieblingsfilm. Drei Schwangere sind in einer Wöchnerinnenstation eingesperrt und erleben alle erdenklichen Höllenqualen wegen Fehlgeburten, Abtreibungen, sexueller Frigidität, Angst, ungewollter Kinder und aller anderen Neurosen, die für Schweden das zu sein scheinen, was für Holland die Tulpen sind. Programmkinos holen diesen Film fast nie aus dem Keller, aber ich wünschte, sie täten es. Na los, Ingmar, was ist mit »An der Schwelle des Lebens II«?

Night Games (1966, Mai Zetterling). *Night Games*, der ein Schocker war, als er herauskam, war viele Jahre lang mein absoluter Lieblingsfilm. Als Jurorin fühlte Shirley Temple Black sich so beleidigt von ihm, daß sie das San Francisco Film Festival verließ, als die Programmgestalter sich weigerten, ihn abzusetzen. Zetterling führt mit absurd melodramatischem, übermäßig schauerlichem Holzhammer Regie, um mit dieser Story über Impotenz, Masturbation von Kindern, Travestie, Pornostreifen und Erbrechen fertigzuwerden.

Lieblingsszene: Ingrid Thulin gebärt im Trubel einer verlotterten Party ein totes Kind, während irgend jemand »Christi Geburt« vorliest. Wer »Auswürgung in der Geschichte des Films« studiert, sollte zur Kenntnis nehmen, daß dies einer der ersten schwedischen Filme war, in dem unglaublich realistisches Erbrechen vorkam. Ein weiteres echtes Meisterwerk, das aus irgendeinem Grunde so gut wie nie wieder aufgeführt wird, ebenso wie *Loving Couples* und *Doktor Glas*, ihre beiden anderen großartigen Filme. Ich habe gehört, daß Mai Zetterling jetzt in England bei einem neuen Spielfilm Regie führt. Ich kann es gar nicht erwarten, ihn zu sehen. Man stelle sich vor, wie ihre Brechanfallszenen angesichts der technologischen Fortschritte heute wirken würden!

Teorema (1968). Pier Paolo Pasolinis erotischster katholischer Film. In der Person von Terence Stamp, der weder vor noch nach dieser Rolle je besser ausgesehen hat, besucht Gott eine bourgeoise italienische Familie. Stamps Darstellung Gottes beinhaltete übrigens das erste Aufblitzen einer nackten männlichen Vorderseite im internationalen Kino und verursachte einen ziemlichen Wirbel. Nachdem er die ganze Familie verführt hat – den Vater, der Geschäftsmann ist, die bezaubernd schöne Mutter, die ungepflegte Tochter, den nervösen Sohn (in weißen Jockey-Unterhosen) und die gottesfürchtige Dienerin –, verschwindet Gott, und die ganze Familie dreht durch. Der Vater verschenkt seine Fabrik und zieht sich in aller Öffentlichkeit nackt aus, Mutter sammelt Lederkerle auf und verführt sie in ihrem Wagen. Aber am besten ist die Schlußszene, in der die gespenstisch religiöse Dienerin levitiert und anschließend Weihwasser aus ihrem Grab strömt.

Salo (1977). Pasolinis letzter Film vor seinem sagenhaften, wenn nicht sogar hollywood-babylonischen Tod. *Salo* ist ein Film, bei dem die Leute sicher nicht erwarten würden, daß ich Schuldgefühle habe, weil er mir gefällt. Schließlich wird da Scheiße gegessen, es werden Augen ausgequetscht, es wird skalpiert, und es gibt Frauenimitationen – Themen, die ich in meinen eigenen Filmen benutzt und in anderen genossen habe: kurz gesagt, die Quintessenz der modernen Unterhaltung. Aber ich glaube, daß *Salo* alles andere als ein »exploitation film« ist. Schluck, hier ist das gewisse Wort wieder und hebt seinen häßlichen Schädel – KUNST.

Salo ist ein wunderschöner Film mit einer sehr moralischen Botschaft: Es gibt so etwas wie ein Übermaß an Macht oder perversem Spleen, und das führt nur zu Verzweiflung. Italienische Jünglinge (viele mit Pickeln – so hatte Pasolini sie am liebsten) werden von einer Gruppe Faschisten entführt, gefoltert, gedemütigt, sexuell mißbraucht und am Ende ermordet. Es handelt sich um einen quälenden Film, der unglaublich hübsche Sets und einige der besten Toneffekte der Filmgeschichte zu bieten hat, besonders das zermürbende Dröhnen der Bomber in der Ferne, welches das in der Villa stattfindende Grauen unterstreicht. Die Schurken in diesem Film sind noch schauriger als die böse Hexe in *The Wizard of Oz*.

Am Ende von *Salo* sind mir wirklich die Tränen in die Augen getreten, was mir fast nie passiert, es sei denn vor Lachen. Als alle Opfer und Folterer durch Vergewaltigungen, Selbstmord oder Mord umgekommen sind, bleiben zwei faschistische Wachmänner allein zurück. Sie sehen irgendwie noch unschuldig, aber zu Tode gelangweilt aus, der eine fordert den anderen zum Tanz auf, und der Film endet mit den beiden verstörten Soldaten, die ganz optimistisch einen unbeholfenen Foxtrott tanzen. Die katholische Kirche sollte Pasolinis Geburtstag zu einem Gedenktag erklären.

A Cold Wind in August (1961, Alexander Singer). Der erste Kultfilm, an den ich mich erinnern kann, nämlich *A Cold Wind in August*, mag vielleicht nirgendwo sonst in den Vereinigten Staaten ein Kultfilm gewesen sein, aber in Baltimore lief er eine Ewigkeit. Immer wenn ein Filmkunsttheater einen Flop im Programm hatte, flog der raus, und an seine Stelle trat *Cold Wind* – ganz ähnlich wird heutzutage *Harold and Maude* eingesetzt.

Da ich den Film vor mehr als zwanzig Jahren gesehen habe und seitdem nie wieder, ist meine Erinnerung an ihn recht unscharf. Lola Albright (in einer umwerfenden Darbietung) spielt eine abgetaktelte Stripperin, die einen Teenager verführt – eine Art Marlon Brando für Arme, gespielt von Scott Marlowe (welch herrlicher Name). Lola fährt voll auf ihn ab. Aber natürlich verläßt er sie schließlich wegen Mädchen seines eigenen Alters, und die arme Lola entwickelt sich zu einer angstbesessenen, auf Knaben abfahrenden Schachtel. Der Film befleißigt sich sehr der Actors-Studio-Methode, aber am besten erinnere ich mich an Lola Albrights Goldlamépantöffelchen, die ich für Divine kopiert und geklaut habe und die ich sie in vielen meiner Filme habe tragen lassen.

Mademoiselle (1966, Tony Richardson). Das wildeste Drehbuch, an das ich mich erinnern kann, geschrieben von keinem Geringeren als dem Heiligen Jean Genet persönlich. In einem abgeschiedenen französischen Dorf lebt eine frustrierte Schulleiterin (Jeanne Moreau), deren unterdrückte sexuelle Begierde in geheimen zügellosen Gewalttaten zum Ausbruch kommt. Sie ergötzt sich daran, Vogelnester zu zerstören, das Trinkwasser für die Tiere auf den Bauernhöfen zu vergiften, Schweine zu ertränken und die Häuser der Nachbarn in Brand zu setzen, alles zum Zweck der sexuellen Befriedigung. Aber die Dorfbewohner geben die Schuld für ihr ganzes Gemetzel dem frisch im Ort angekommenen Beschäler, und da wird Jeanne aktiv. Sie lockt ihn auf ein Feld und verführt ihn – in der bestimmt frappierendsten Szene des Films –, indem sie wie ein Hund auf allen vieren kriecht und seine Hände und Stiefel leckt. Als sie ihr Ziel erreicht hat, schreit Jeanne sofort Vergewaltigung, und die Dörfler steinigen ihn zu Tode. Eine Heldin, wie sie sich für diesen Mitternachtsfilm, der seiner Zeit weit voraus war, nur Jean Genet ausdenken konnte.

Lancelot du lac (1974, Robert Bresson). Ein weiteres Stück irrsinniger Filmkunst, das mich zutiefst beeindruckt hat. Bresson trifft auf die Ritter der Tafelrunde, könnte man vielleicht sagen, da dieser Film fast ausschließlich mit Großaufnahmen und amerikanischen Einstellungen von Rüstungen, Helmen, Stiefeln, Pferdehufen und sehr, sehr wenigen menschlichen Gesichtern erzählt wird. Obwohl der Film Tausende von Mitwirkenden zu haben scheint, handelt es sich tatsächlich nur um eine Handvoll Leute, die viele verschiedene Rollen spielen. Da eine Figur über ihre Rückansicht oder Fußbekleidung eingeführt wird, konnte Bresson viel Geld sparen, indem er einen Schauspieler zwanzig Rollen spielen ließ.

Falls es je einen Film gegen das Starsystem gegeben hat, ist es dieser. Wer die finanzielle Seite der Filmproduktion lernt, sollte sich anschauen, wie diese herrliche filmische Sparmaßnahme funktioniert, und sich verwundert fragen, was wohl die Screen Actors Guild darüber denken mag. Ich habe diesen Film am Eröffnungsabend des Baltimore Film

Festival gesehen, zu dem auch Bürgermeister William Donald Schaefer erschienen war. Ich werde nie sein Gesicht vergessen, als er, nach der Vorführung das Kino eilig verlassend, nach seiner Meinung über diesen Film gefragt wurde und antwortete: »Oh . . . na ja . . . er war ganz gut . . . aber im Grunde kein Film nach meinem Geschmack. Mir hat *Patton* gefallen.«

Alles von Fassbinder. Ganz ohne Zweifel (für mich zumindest) war Fassbinder der talentierteste Regisseur seiner Zeit. Jeder, der Douglas Sirk vergöttert, ist für mein Empfinden voll in Ordnung. Ich habe etwa fünfundzwanzig seiner Filme gesehen und liebe alle bis auf einen, nämlich *Effi Briest* (der wurde für das Fernsehen gemacht, was vielleicht seine Langweiligkeit erklärt).

Seine besten Filme sind die, die er auch selbst geschrieben hat: *Katzelmacher,* in dem der größte Teil der frühen Fassbinder-Clique an einer Mauer sitzt und über Ausländer meckert; *Warum läuft Herr R. Amok?,* ein Film, der auf ein neues deutlich macht, wie schrecklich das alltägliche, ganz normale Familienleben sein muß; *Warnung vor einer heiligen Nutte,* die nur schwach verbrämte Geschichte der Hölle, die jede Produktion ist, bei der Fassbinder Regie führt; *Die bitteren Tränen der Petra von Kant:* bösartige Lesben verhöhnen sich gegenseitig, als eine neurotische Beziehung zu Ende geht; *Faustrecht der Freiheit:* eleganter Homosexueller verliebt sich in Rummelplatzarbeiter und versucht, ihm gute Manieren beizubringen; und sein bester Film überhaupt, *In einem Jahr mit dreizehn Monden:* eine unbarmherzig verzweifelte Darstellung des Lebens eines verheirateten Mannes, der sich einzig und allein deshalb einer Geschlechtsumwandlung unterzieht, weil jemand, den er bewundert, zu ihm gesagt hat, wenn er eine Braut wäre, wäre er ganz in Ordnung.

Fassbinder hatte den Ruf, im wirklichen Leben recht schwierig im Umgang zu sein, aber einem, der so viele Filme gedreht hat wie er Lebensjahre gezählt hat (besonders wenn sie alle gut sind), gebührt der Vorzug, ein wahres Ungeheuer sein zu dürfen. Wenn Fassbinder je geschlafen hätte, wäre sein Genius vielleicht verflogen.

Warum ich Weihnachten liebe

Da ich ein Traditionalist bin, bin ich durch und durch verrückt nach Weihnachten. Im Juli mache ich mir immer schon Sorgen, weil es nur noch 146 Einkaufstage bis dahin sind. »Was schenkst du mir denn zu Weihnachten?« strapaziere ich die Nerven der Sommerfrischler um mich herum, die sich noch nicht einmal entschieden haben, was sie am Labor Day im September unternehmen. Mit jedem Monat werde ich besessener. Im Oktober etwa erschrecke ich wildfremde Menschen, wenn ich mit meiner schräg gesungenen Version von »Joy to the World« herausplatze. An Halloween gehe ich immer als der Kleine Trommler und ein griesgrämiger zudem, weil die rücksichtslosen Geschäfte noch nicht einmal ihre Weihnachtsdekoration aufgebaut haben. Am 1. November beginnt das Jubelfest des Konsums, und ich freue mich so auf Weihnachten, daß mich die bloße Erwähnung eines gefüllten Strumpfes sexuell erregt.

Anfang Dezember stecke ich in einer tiefen Weihnachtspsychose, und erst dann erlaube ich mir den Luxus, in einem Tagtraum meine schönste Kindheitserinnerung nachzuerleben: Wir stürmen durch den Schnee, lachen (ha-ha-ha) den ganzen Weg über bis hin zu Omas Haus und entdecken dann dort, daß der geschmückte Baum umgefallen ist und sie unter sich begraben hat. Meine bonbonfarbenen Erinnerungen sind so oft durch meinen geistigen Projektor gelaufen, daß sie schon fast in 3-D sind. Die Schrecksekunde, bis meine Eltern zu ihr stürzten, um sie zu befreien, meine eigene sprachlose Betroffenheit, als ich nicht zu fragen wagte, ob Omis Geschenke für uns Schaden genommen hatten, und der wunderbare, glorreiche Anblick des nun angeknacksten Baumes mit seinen kaputten Kugeln, der mit Mühe wieder in seine eigentliche, anbetungwürdige Stellung gebracht wurde. »O Tannenbaum! O Tannenbaum!« begann ich in einem wahnsinnigen Anfall kindlicher Hyperventilation aus vollem Hals zu kreischen, bis die stechenden Blicke meiner Eltern, die einen Zug zum Stillstand hätten bringen können, mich verstummen ließen. Nie wieder sollte diese Szene erwähnt werden, und meine Familie tat so, als sei sie nie passiert. Aber *ich* erinnere mich – mein lieber Scholli, und wie ich mich erinnere!

Wer sich kein fröhliches kleines Weihnachtsfest bereitet, kann sich genausogut gleich umbringen. Jede wache Sekunde des Lebens sollte von weihnachtlichem Zwang geprägt sein; Karriere, Liebesgeschichten, Ehen und das ganze Wirrwarr des Alltags müssen diesem Feiertag der Feiertage den Vortritt lassen. Während der 25. Dezember schnell näherkommt, sind die Angst und der Druck, »Glückseligkeit« erleben zu müssen, fester Bestandteil des Rituals. Wer sich nicht die angemessene Stimmung bewahren kann, ist entweder ein dreckiger Kommunist oder muß dringend in psychiatrische Behandlung. Kein Wunder, daß so ein Mensch keine Freunde hat.

Natürlich wurde an Weihnachten angeblich Sie-wissen-schon-wer geboren, aber die wirkliche Heilige Dreieinigkeit sind Gottvater, Sohn und Heiliger Weihnachtsmann. Man sieht in Warenhäusern schließlich niemanden, der als Joseph oder Maria verkleidet ist und die Kinder nach ihren Wünschen fragt, nicht wahr? Seien wir ehrlich: Krippen zeugen von einem unteren Platz auf der gesellschaftlichen Stufenleiter. Sicher, aus der Kirche nebenan ein Schaf oder einen Weisen zur Dekoration der eigenen Wohnung mitgehen zu lassen, ist immer für einen flotten, kleinen Kitzel gut, und man steht am nächsten Tag auch in der Zeitung. Und Madalyn Murray O'Hair (die publicitysüchtige atheistische Heilige) hat immer eine diebische Freude, wenn sie noch an Heiligabend vor Gericht Erfolg hat mit ihrer Forderung, daß aus der Hauptstadt ihres Bundesstaates alle Weihnachtskrippen entfernt werden sollen. Aber wir wissen doch alle, wer der wahre Gott ist, nicht wahr? Ganz recht, der Allerhöchste, der Weihnachtsmann.

Aber wenn man es sich recht überlegt, ist der Weihnachtsmann persönlich verantwortlich für Heroinabhängigkeit. Unschuldige Kinder werden durch Gehirnwäsche dazu gebracht, die erste große Lüge, die ihre Eltern ihnen erzählen, zu glauben, und wenn die Wahrheit sie schließlich voll trifft, glauben sie ihnen nie wieder. Alle strengen Warnungen vor den Gefahren von Drogen haben dieselbe Glaubwürdigkeit wie fliegende Rentiere oder dicke Männer im heimischen Kamin. Aber ich liebe den Weihnachtsmann trotzdem: Legenden stehen immer auf wackeligen Füßen. Außerdem ist er ein Segen für die Arbeitslosen. Wo sonst können Säufer und dicke Menschen Aushilfsstellen bekommen? Und wenn Sie Kinderschänder sind – heureka! Der Traumjob: Da können Sie den Kleinen an den Po fassen und vergnügt glucksen, während Sie die ganze Zeit wissen, was *Sie* ihnen gern schenken würden.

Der Weihnachtsmann gilt vielen natürlich als erotische Figur, und für diese glücklichen Genießer ist die Weihnachtszeit ein Festschmaus des rohen Sex. Manche Menschen fahren eben einfach auf einen Kerl in Uniform ab. Einfallsreiche Unternehmer sollten eine Lederbar mit dem Namen »Die Rute« eröffnen, wo dominante Runzelfetischisten sich wie der gute alte Nikolaus anziehen dürften und passive Gerontophile auf allen vieren herumkriechen und als brave Rentiere die Peitsche zu schmecken bekommen könnten. Popper zu inhalieren und nachgemachte Kamine hinunterzusteigen oder Päckchen von dem Herrn im roten Filz zu öffnen, in denen sich Foltergeräte befinden, könnte die sexgetränkte Atmosphäre der ersten S/M-Weihnachtsbar vollenden.

Man könnte es auch auf die großkotzige Tour angehen. Warum haben Bloomingdale's oder Tiffany's es noch nie mit einem Nobelweihnachtsmann versucht? Leichenblaß und von Kopf bis Fuß in saloppe Armani-Klamotten gekleidet, könnte dieser immer gutsituierte Nikolaus gelangweilt und elegant auf einem Thron posieren und gelegentlich einem reichen kleinen Balg herablassend gestatten, sich in die *Nähe* seines Schoßes zu setzen, um seine Wünsche dann dünkelhaft abzutun: »Ach, mein Schätzchen, das willst du doch gar nicht *wirklich* haben, nicht wahr?«

Der Weihnachtsmann war immer schon der definitive Filmstar. Vergessen Sie *White Christmas, It's A Wonderful Life* und den übrigen banalen Schrott. Schauen Sie sich die echten Klassiker an: *Silent Night, Bloody Night, Black Christmas* oder *Christmas Evil,* der beste Feiertagsfilm aller Zeiten (»Er wird mit Ihnen Schlitten fahren«). Dieses wahre Meisterwerk des Films ist in den Kinos nur ein paar Sekunden gelaufen, ist dafür aber jetzt als Video erhältlich, und ohne es ist an den Feiertagen keine Familienfeier vollständig. Der Streifen erzählt die Geschichte eines Mannes, von dem Weihnachten vollkommen Besitz ergreift. Seine Neurose erhebt ihr häßliches Haupt zum erstenmal, als er Rasierschaum auf sein Gesicht aufträgt, in den Spiegel schaut, einen weißen Bart sieht und sich einbildet, er *sei* der Weihnachtsmann. Er nimmt eine Arbeit in einer Spielzeugfabrik an, beginnt den Nachbarskindern nachzuschnüffeln und sie auszuspionieren, eilt dann nach Hause und trägt fieberhaft Bemerkungen in sein großes rotes Buch ein: »Jimmy war heute ein braver Junge« oder »Peggy war ein ungezogenes kleines Mädchen«. Er zieht sich als Weihnachtsmann an und liegt auf den Dächern auf der Lauer, bereit zum Sprung. Schließlich bleibt er wirklich im Schornstein eines Nachbarhauses stecken und weckt mit seinem Radau die Familie auf. Mama und Papa drehen durch, als sie in ihrem offenen

Kamin einen dicken Geisteskranken finden, aber die Kinder frohlocken wie wild. Der Weihnachtsmann hat keine andere Wahl, als diese engherzigen Eltern mit dem rasiermesserscharfen Stern zu töten, der die Spitze ihres Weihnachtsbaumes schmückt. Als er vor der Lynchjustiz der Nachbarn flieht, stehen ihm die Kinder bei und trotzen den erregten Eltern, indem sie einen menschlichen Schutzwall um ihn bilden.

Endlich, bis an die Grenzen der Weihnachtsmannmanie getrieben, springt er in seinen Kleinbus bzw. Schlitten, und der hebt ab und fliegt über den Mond hinweg, während er psychotisch und glücklich gellt: »Los, ihr Rentiere! Los, Dancer! Los, Prancer! Los, Donner und Vixen!« Ich wünschte, ich hätte Kinder. Ich würde sie zwingen, den Film jedes Jahr anzuschauen, und wenn er ihnen nicht gefiele, würden sie bestraft.

Die Weihnachtsvorbereitungen sind das Vorspiel des Weihnachtsfestes. Weihnachtskarten sind selbstverständlich die vornehmste Aufgabe, und sie *müssen* unbedingt jedem Menschen, den Sie kennengelernt haben, wie flüchtig es auch gewesen sein mag, eine schicken (mit persönlichem, handschriftlichem Text). Falls diese Geste nicht erwidert wird, sprechen Sie nie wieder mit der betreffenden Person. Etwaige Sünder speichern Sie in Ihrem Computer und grollen ihnen ewig: Nehmen Sie nicht einmal an ihrer Beerdigung teil.

Natürlich müssen Sie von *Hand* Ihre eigenen Karten herstellen. »Ich habe aber keine Zeit«, greinen Sie jetzt vielleicht, aber da Weihnachten der einzige Zweck des Lebens ist, *schaffen* Sie sich gefälligst Zeit, Herrschaften. Wir Weihnachtszeloten sind recht anspruchsvoll, was die Mindestanforderungen an Feiertagsbenimm anbelangt. »Aber mir fällt einfach nichts ein . . .«, ist in der Regel die nächste Ausrede, aber solchen Leuten schneidet man einfach mitten im Satz das Wort ab. Zu Weihnachten ist es ein Leichtes, kreativ zu sein. Einmal hatte ich eine wirklich schnuckelige Idee, die ganz ohne Schwierigkeiten umzusetzen war. Ich kaufte eine billige Dutzendkarte mit Joseph und Maria, die den kleinen Jesus im Arm hat, und setzte Charles Mansons Gesicht auf den heimatlosen Säugling. Auf der Innenseite der Karte verkündete ich: »Er ist geboren.« Alle Welt war begeistert, und manche meinten sogar, daß sie sie aufgehoben haben. (Um das klarzustellen, ich lehne es ab, nach Weihnachten die Karten, die man bekommen hat, Altenpflegeheimen zu stiften. Man sollte meinen, daß die Senioren in ihren vielen Jahren auf Erden Gelegenheit hatten, selbst ein oder zwei Freunde zu gewinnen. Tun Sie es keinesfalls!) Ich sehne mich danach, zum kommenden Fest endlich die Karte zu realisieren, von der ich schon seit Jahren träume. Ich werde darauf in Hausmantel und Hausschuhe gekleidet in einem weihnachtlichen Ambiente à la Norman Rockwell sitzen, meine Geschenke auspacken und im selben Moment bemerken, daß sich das Seidenpapier aus unerklärlichem Grund entzündet hat und die Flammen sich züngelnd in Richtung Baum ausbreiten.

Bei den Weihnachtseinkäufen müssen Sie sich zutiefst verschulden. Die Summe, die Sie ausgeben, muß immer in genauer Korrelation zu der Sympathie stehen, die Sie für den Empfänger empfinden. Meine Liebe für Tante Mary ist etwa 6 Dollar 50 wert; Onkel Jim – nun, wenigstens hat er sich eine neue Zahnprothese machen lassen – 8 Dollar. Wenn bei Ihnen das Weihnachtsfest kommt und wieder geht, ohne daß Sie bankrott sind, tun sie mir leid – Sie sind ein Mensch, in dem nicht genug Liebe steckt.

Man kann gar nicht genug Geschenke kaufen. Wenn Sie im städtischen Bus zu mir »Entschuldigung« gesagt haben, stehen Sie auf meiner *Geschenkliste.* Ich mache sogar Päckchen für gar nicht existierende Menschen, nur für den Fall, daß mir jemand, den ich kaum kenne, ein Geschenk überreicht und ich nicht darauf vorbereitet bin, diese Geste zu erwidern. Obwohl ich ganz der Typ bin, der andere auf die Palme bringt, indem er sagt: »Oh, ich habe meine Einkäufe schon vor Monaten erledigt«, während diese in letzter Minute panisch versuchen, sich zu entscheiden, gehe ich auf dem Gipfel der Weihnachtsmanie doch gern in die Geschäfte. Dann ist jedermann grauenhaft gelaunt, und man kann sehen, wie überlastete, unterbezahlte Aushilfskräfte Nervenzusammenbrüche haben. Ich notiere mir immer die Nummern auf ihren Angestelltenplaketten und melde sie wegen Übellaunigkeit.

Falls Sie Krimineller sind, ist Weihnachten für Sie und Ihre Familie eine ganz besondere Zeit. Ladendiebstahl ist einfacher, und die Wagen auf den Parkplätzen sind vollgepackt mit Geschenken für Ihre Kinder. Da die Schecks, die man (als Gabe) für den Postboten und die Müllmänner liegen lassen soll, doch nur geklaut werden, deponiere ich gern kleine Scherzartikel, zum Beispiel Briefbomben. Glücklicherweise wohne ich in einer verkommenen Gegend und brauche mir deshalb keine Sorgen zu machen; die Räuber wohnen alle bei mir im Haus und gehen auf Raubzug in die reichen Stadtteile. Wenn man von der schnellen Truppe ist, kann man die Beute der Diebe klauen, während sie den Wagen entladen. In meinem Stadtteil scheint jedes Kind zu Weihnachten Rollschuhe geschenkt zu bekommen, und es ist Musik in meinen Ohren, wenn ich plötzlich das Dröhnen einer sich nähernden Rollschuhbande höre, deren Mitglieder eine Handtasche, die sie soeben geklaut haben, wie eine heiße Kartoffel zwischen sich hin- und herwerfen.

»Santa Claus Is a Black man« ist mein liebstes Weihnachtslied, aber ich mag auch die Weihnachtsplatte der Chipmunks, »Jingle Bells« von den Barking Dogs und »Frosty the Snowman« von den Ronettes. Wenn Ihr Herz vor Feiertagsfreude so jubiliert, daß Sie es nicht aushalten, rufen Sie doch einfach mal Ihre Freunde an, und gehen Sie selbst mit ihnen Weihnachtslieder singen. Besonders wenn Sie alt, drogensüchtig, Alkoholiker oder offensichtlich homosexuell sind und eine Menge weibischer Freunde haben. Ziehen Sie in Rudeln los. Falls Sie schwarz sind, besuchen Sie einen etepeteten weißen Stadtteil. Klingeln Sie, und wenn die Familie, die aussieht wie in »Vater ist der Beste«, die Tür öffnet, legen Sie gemein kreischend mit Ihrem liebsten Weihnachtslied los. Schauen Sie sich die Gesichter der Leute an. Sie können gar nichts machen. Was Sie tun, ist doch nicht verboten. Vielleicht bekommen Sie sogar ein Geschenk.

Sie müssen immer gut vorbereitet sein, falls jemand Sie fragt, was Sie sich zu Weihnachten wünschen. Nennen Sie Markennamen, den Laden, der das Produkt verkauft und, falls möglich, die genaue Bestellnummer, damit jeder Irrtum ausgeschlossen ist. Seien Sie ganz der Typ, den zu beschenken schier unmöglich ist, so daß man Ihnen kaufen muß, was Sie sich wünschen. Das war meine Wunschliste für 1985: das lange vergriffene Paperback *The India Torture Slaying*, das Filmplakat von *I Hate Your Guts* und ein Abonnement für *Corrections Today*, das Branchenblatt für Gefängnisdirektoren. Falls Sie jemandem Geld schulden, ist jetzt der richtige Zeitpunkt, es zurückzugeben und gleichzeitig auf ein passendes Geschenk hinzuweisen. Wenn Sie als Vorläufer auf ein Geschenk einen Nikolausstrumpf zu erwarten haben, sagen Sie dem Schenker von vornherein, daß Sie für Rasierklingen, Deodorants und den üblichen Kleinkram nichts übrig haben, sondern Strumpffüllungen erwarten, die originell und erlesen sind und einzig und allein zu Ihnen ausgezeichnet passen.

Es ist von Vorteil, Sammler zu sein, weil so die Weichen für das zu erwartende Geschenk gestellt sind. Seit Jahren beglücken mich Freunde mit dem Spielzeug, das die Konsumentenorganisation der Americans For Democratic Action alljährlich zum »schlechtesten Spielzeug« erklärt, das man seinem Kind zu Weihnachten schenken kann. »Gobbles, die abfallfressende Ziege« stand am Anfang meiner Sammlung. »So eine verrückte, fressende Ziege« stand auf der reizenden Verpackung, und kleingedruckt heißt es: »Inhalt: eine realistische Ziege mit einem Kopf, der sich auf und ab bewegt. Wird komplett mit sieben Stücken künstlichen Abfalls geliefert.« Die Gebrauchsanweisung dieses Spielzeugs von Kenner Discovery Time ist unbezahlbar. »Gobbles ißt gern Abfall, wenn sie hungrig ist, und sie ist *immer* hungrig. (1) Halte Gobbles Maul am Ziegenbart offen. Stecke ein Stück künstlichen Abfall in ihr Maul und (2) dann betätige den Schwanz, bis der Abfall verschwunden ist.« Am Ende steht eine ominöse Warnung: »Gobbles frißt *nur* den Abfall, der mit dem Spielzeug geliefert wird.« Und noch kleiner gedruckt heißt es: »Falls du mehr Abfall brauchst, schicken wir ihn dir als Serviceleistung direkt. Für vierzehn Stücke Abfall schickst du 1 Dollar (nur gegen Scheck oder Postanweisung; wir bedauern: keine Nachnahme) an: . . .« Ich kann Ihnen gar nicht sagen, wie viele Stunden Spaß ich schon mit Gobbles gehabt habe. Manchmal, wenn ich mich sehr langweile, ziehen Gobbles und ich uns nackt aus und spielen.

Im Laufe der Jahre ist meine Sammlung größer geworden. Da gibt es »Das Planschhündchen« (»Du kannst ihm Wasser zu trinken geben und ihn sein Kästchen naß machen lassen, und er gibt dir auch Küßchen«), »Windelbaby«, vor dem die Konsumwachhunde warnten: »Wenn Sie es aus seiner Schachtel nehmen, riecht es, und der Geruch geht nicht weg«, und »Kullertränen-Baby« (»Die Tränen tröpfeln nicht heraus, sondern schießen einen Meter weit.«) Natürlich gelüstet es mich immer noch nach dem Gewinner der ersten alljährlich vergebenen Auszeichnung (bevor es mit meiner Kollektion losging) – eine Guillotine für Puppen. »Nimm das, Barbie.« »Runter mit der Rübe, Betsy Wetsy!«

Es spielt keine Rolle, was Sie von Ihren Geschenken halten; jedes muß postwendend mit einem Dankschreiben beantwortet werden. Die richtigen Worte für den Brief zu finden kann schwierig sein, besonders bei entfernten Verwandten, die einem eine Karte mit zwei jungfräulichen Ein-Dollar-Noten darin schicken. Antworten Sie offen und ehrlich – »Lieber Onkel Walt, danke schön für die 2 Dollar. Ich habe mir davon eine Schachtel Fluppen gekauft und den Rest in einer ganz besonders widerlichen Peep-Show verjubelt. War ganz witzig!« Oder: »Liebe Tante Lulu, ich habe mich schrecklich gefreut über Dein liebes Geschenk in Höhe von 5 Dollar. Ich habe mir schnurstracks ein bißchen PCP gekauft. Leider ist es mir nicht bekommen, und ich habe meine Schwester erstochen, das Haus angezündet und bin in eine Anstalt für unzurechnungsfähige, aber gefährliche Straftäter gebracht worden. Kannst Du mich vielleicht mal besuchen kommen? In Liebe, Dein Neffe.«

Ich veranstalte jedes Jahr eine »Firmenfeier« und lade dazu meine alten Freunde, Geschäftspartner und alle schneidigen Kriminellen ein, die eben erst auf Bewährung entlassen wurden. Ich verstärke alle meine

Stühle, da viele meiner Gäste aus irgendeinem Grunde sehr fett sind. Nachdem ein paar antike Stücke zu Bruch gegangen sind, habe ich meine Lektion gelernt. Früher schmiß ich die Party immer Heiligabend, aber viele Gäste beschwerten sich über ihren scheußlichen Kater, so daß ich den Termin vorverlegen mußte. Jetzt stöhnen und würgen sie nicht mehr am nächsten Tag unter dem Weihnachtsbaum ihrer Eltern, während ihre Geschwister ihnen wegen vorzeitigen Ergusses der Weihnachtsstimmung böse Blicke zuwerfen.

Ich lade für gewöhnlich etwa hundert Personen ein, und die Gäste wissen, daß ich erwarte, daß jedermann allen anderen ein Geschenk mitbringt. Zehntausend Geschenke! Wenn sie um Mitternacht aufgerissen werden, kann man den Weihnachtswahnsinn in voller Blüte erleben. Etwas bringt mich um den Verstand: ungeladene Gäste. Ich habe das Problem jetzt gelöst, indem ich einen Türsteher engagiere, der jedem, der ohne Einladung kommt, seinen Pistolenlauf überzieht, aber früher kamen die Eindringlinge immer durch. Einfach unverschämt! Ausgerechnet an Weihnachten, wenn Visionen von Naschwerk orgiastisch durch mein Gehirn tanzen. Eine brachte sogar einmal ihre Mutter mit – wie rührend. »Raus mit dir!« fauchte ich wütend, nachdem ich ihr die Flasche Schnaps aus der Hand gerissen hatte, von der sie fälschlicherweise annahm, daß sie ihr (*und* ihrer gottverdammten Mutter) Einlaß verschaffen würde.

In einem Zimmer führe ich immer einen Film vor: *Wedding Trough* (über einen Mann, der sich in ein Schwein verliebt und es dann ißt) oder *Kitten With A Whip* (mit Ann-Margret und John Forsythe) oder *What Sex Am I?* (eine medizinische Dokumentation über Geschlechtsumwandlung). Wenn es schließlich für die Gäste an der Zeit ist, zu verschwinden, gehe ich unmißverständlich zu Bett und schlafe; dann wissen sie, daß sie lieber nach Hause gehen sollten, weil der Weihnachtsmann unterwegs ist.

Der Weihnachtstag ist wie ein endloser Orgasmus. Glückseligkeit und gute Laune sollten in Ihren Adern pulsieren. Wenn Sie Eierflip picheln, Truthahn futtern und im Familienkreis wie rasend Geschenke aufreißen, müssen Sie zwischendurch eine Pause einlegen, um das Gefühl des inneren Friedens zu genießen. Sobald erst einmal alles vorbei ist, können Sie zusammenklappen.

Dann ist der richtige Zeitpunkt für Ihren Selbstmord, falls Sie dazu neigen. Alle Arten von Neurosen sind erlaubt. Depressionen und das Gefühl, daß alles irgendwie nicht gut genug war, sind zu erwarten. Es gibt nichts zu tun! In einen schlechten Film gehen? Zwischen Weihnachten und dem 1. Januar kann man nicht aus dem Haus gehen, weil alles so unsicher ist; die Schnellstraßen des Landes wimmeln von Betrunkenen, die Dampf ablassen und panisch versuchen, von ihren Familien wegzukommen. Geschenke umzutauschen ist nicht nur unverschämt, sondern auch psychologisch gefährlich – wenn Sie nicht vorsichtig sind, bekommen Sie dabei vielleicht den Abschaum der Erde zu sehen, nämlich knickerige Kreaturen, die im Weihnachtsausverkauf Einkäufe tätigen, um ein paar Kröten zu sparen. Auf was kann man sich freuen? Auf den 1. Januar (den Neujahrstag), auf das Fest der Beschneidung Christi, den vielleicht unappetitlichsten hohen Feiertag der katholischen Kirche? Auf die Beseitigung des schmutzigen, abgestorbenen, teuren Weihnachtsbaumes vielleicht, der plötzlich der Jahreszeit nicht mehr angemessen ist und nur noch eine Brandgefahr darstellt? Es gibt nur ein Entkommen von der nach-weihnachtlichen Depression – der Gedanke, daß es in vier kurzen Wochen wieder Zeit ist, von vorn anzufangen. Was schenken Sie mir?

Wie mache ich keinen Film?

Ich wollte immer meine Ideale verraten und mich verkaufen. Das Problem ist nur, daß niemand *mich* kaufen wollte. Schon als kleines Kind sehnte ich mich danach, Filmregisseur zu werden (oder ein wahnsinniger Bombenleger), und deshalb hatte ich das Glück, in meiner Jugend keine Zeit vergeuden zu müssen mit der unbeholfenen Suche nach einem Betätigungsfeld. Wenn man von der Zelluloidsucht geplagt wird, muß man sich schon früh entscheiden, ob man unabhängig bleiben oder nach Hollywood gehen möchte. Für keinen von den Wegen gibt es Regeln. Es ist wie eine Wirklichkeit gewordene Version des »Leiterspiels«. Wenn man gerade glaubt, alles begriffen zu haben, taucht irgendein Bonze von Produzent oder ein exzentrischer Entrepreneur auf und wirft einem im Nu die Pläne über den Haufen. »Machen Sie das Ding kommerzieller«, schreien die Studiobosse, aber die unabhängigen Produzenten knurren zurück: »Nur Originalität zählt.« Vielleicht ist der Vorschlag eines befreundeten Verleihers die Lösung: Man nehme das Budget des Films, den man drehen möchte, dividiere ihn durch die geschätzte Anzahl der potenziellen Kartenkäufer, addiere eine Million und berechne dementsprechend den Eintrittspreis. Bressons *L'Argent*, Eintritt 62,75 Dollar; *Rocky XX*, 42 Cent. Dann würde jeder Geld verdienen, und alle wären glücklich. Und genau darum geht es doch bei der Kommerzialität, nicht wahr?

Früher war es so, daß ein Regisseur einen Low-Budget-»exploitation film« drehte, um den Einstieg zu schaffen. Sehen Sie sich Coppola (*Dementia 13*) oder Scorsese (*Boxcar Bertha*) an. Aber heute ist es nicht mehr so einfach. Hollywood hat sich das Strickmuster Gewalt und Schmutz angeeignet, und deshalb braucht man mittlerweile selbst für Schund ein großes Budget. Das macht aber nicht annähernd soviel Spaß. Eine 10-Millionen-Dollar-Version von *The Corpse Grinders* hätte einfach nicht den Zauber des Originals. Ein weiteres Problem ist, daß es nur noch wenige Tabus gibt; sobald man jede erdenkliche Freiheit hat, hat man keinen Ansatzpunkt mehr für einen Angriff. Splatter ist schon ein alter Hut. Es ist unmöglich, sich noch mehr Blutspritzerei als in Hollywoods Neuverfilmung von *The Thing* vorzustellen, und wenn man es erst einmal gesehen hat, zuckt man nur die Achseln. Ein kurzer Blick auf die Schambehaarung war in der guten alten Zeit die Garantie dafür, daß Schlangen um den ganzen Häuserblock anstanden, aber heute kann man sich leicht vorstellen, daß Linda Evans sich in naher Zukunft nackt vor die Kamera legt. Natürlich kann man sich immer Möglichkeiten einfallen lassen, um Anstoß zu erregen (AIDS, Sichelzellenanämie und Vergewaltigungswitze), aber die wären kaum wagemutig, sondern nur dämlich. Vielleicht nähert sich das Goldene Zeitalter des Trash seinem Ende.

Die wahren »exploitation films« der achtziger Jahre sind engagierte Problemfilme im Fernsehen. Heute Teenager zu sein, muß wirklich schwierig sein; kaum hat man sich ein Problem ausgesucht, mit dem man seinen Eltern auf die Nerven gehen kann, produzieren die Sendeanstalten »Unterhaltung«, die erklärt, daß der Betreffende im Grunde ganz in Ordnung ist. Es war alles da: Homosexualität, Euthanasie, geprügelte Ehefrauen, Mutter- und Vatermord; selbst Unzucht mit Kindern war eine Weile im Trend. Ich bemühe mich zwar sehr, jede Form von abweichendem Verhalten zu verstehen, aber letzteres ist mir ein ewiges Rätsel. Alle Welt weiß doch, daß man Sex nur deshalb praktiziert, weil anschließend die Zigarette besser schmeckt, und daher frage ich mich, ob diese Kinderschänder sich nicht albern vorkommen, nackt herumzuliegen, während ein sechsjähriges Kind sich an seiner ersten Lucky Strike abhustet.

Farrah Fawcett wiederum hat die Schändung zur Karriere ausgebaut. Ist Ihnen aufgefallen, wie die Kritiker sie fertiggemacht haben, bis die Schauspieler selbst das übernahmen? Zuerst wurde sie auf einer Off-Broadway-Bühne vergewaltigt, dann im Fernsehen geprügelt. Wäre es für sie nicht die Rolle schlechthin, die unglückliche Kitty Genovese zu spielen, die in New York erstochen wurde und Berühmtheit erlangte, weil keiner ihrer Nachbarn ihr geholfen oder die Polizei gerufen hat?

Wie wäre es mit einem verständnisvollen Fernsehfilm über einen glücklichen, gesunden Homosexuellen, der, umgeben von lauter gutsituierten Freunden, im West Village wohnt, von seinen liberalen Eltern emotionale Rückendeckung bekommt, sich aber plötzlich zu Frauen hingezogen fühlt? »Helft mir«, bittet er entsetzte Heterophobe. »Immer mit der Ruhe. Wir kennen da einen hervorragenden Psychiater, der sich auf solche Probleme spezialisiert hat«, wenden seine betroffenen Eltern ein, »das ist eine vorübergehende Phase.« Oder Wayne Newton als lesbische Männerimitatorin, die so viele Geschlechtsumwandlungen vor und zurück hinter sich hat, daß er/sie mit dem Schichtenlook für Geschlechtsteile einen Modetrend auslöst.

Das letzte und schädlichste Genre, der Film über das »Mündigwerden von Teenagern«, war eine Zeitlang erfolgsträchtig. Es gehört zum guten Ton, diese Filme zu hassen, aber ein paar von ihnen haben mir gefallen, besonders *Heaven Help Us*. Von *The Breakfast Club* war ich ausschließlich aus den falschen Gründen begeistert, und ich habe mir gewünscht, daß er wie ein alter Warhol-Film wäre, mit einer Dauer von acht Stunden, um den Zuschauern den Eindruck zu geben, sie hätten mit den Charakteren zusammen Schularrest. Hollywood hat diese Filme am laufenden Band produziert, aber den Fehler begangen, die Intelligenz der amerikanischen Öffentlichkeit nicht genug zu unterschätzen. Die High School kann man vergessen; als nächstes hätte man sich der Grundschule bemächtigen sollen. Noch besser wäre es gewesen, einen Abklatsch von *The Breakfast Club* zu machen und ihn im Kindergarten spielen zu lassen. Verzogene Gören, die wegen ihrer verschwundenen Fingerfarben, wegen eines Platten am Dreirad, und weil sie bei Reise-nach-Jerusalem verloren haben, winseln, hätten alle Kassenrekorde gesprengt.

Vielleicht sind »Instantfilme« die Lösung. Ich bilde mir gern ein, daß ich den ersten Film über Teenagerselbstmorde gemacht habe, als ich eine Kamera ausprobierte und *The Diane Linkletter Story* als improvisierten Ulk an demselben Tag drehte, als ich aus der Zeitung von dieser Tragödie erfuhr. Rene Vordona jr. und sr. (ein aus Vater und Sohn bestehendes Team), die tonangebenden Regisseure auf diesem Sektor, drehten *Survive*, die Billigversion über den Anden-Flugzeugabsturz mit Kannibalismus unter den Überlebenden, bevor Hollywood die Chance hatte, dieselbe Geschichte nach dem Bestseller *Alive* zu drehen, für den man eben erst eine große Summe hingelegt hatte. Von den beiden stammt auch *Guyana, Cult of the Damned*, und sie hatten die Frechheit, die geplante Produktion von *Kill the Shah, Boat People* und *Hostages* (als die Geiseln noch vom Ayatollah festgehalten wurden) anzukündigen. Es wäre die ideale Übung für eine Filmschule, wenn die Studenten die Morgenzeitung läsen und einen Film über die sensationellste Geschichte darin fertigstellten, bevor die Abendzeitung ausgeliefert würde. Man stelle sich die Überraschung der Passanten vor, die auf dem Heimweg von der Arbeit sehen, daß bei ihnen um die Ecke ein Film über ein Thema läuft, von dem sie morgens erst erfahren haben.

Man sollte meinen, daß Fortsetzungen eine sichere Sache sind, aber dem ist nicht so. Meine Lieblingsfilme sind die letzten Produktionen der Serie, kurz bevor sie eingeht: *Airport '79 – The Concord* mit Charos unsterblichem Satz »Sie pißverstehen mich«; *The Final Conflict*, der lächerlichste aus der *Omen*-Reihe; und *Emmanuelle IV* in 3-D, wo sie in eine Sexklinik geht und irrtümlich wieder in eine Jungfrau verwandelt wird. Alle diese Filme sind Kunst, nur auf den Kopf gestellt. Ich freue mich schon auf den letzten Film von *Friday 13th*, wenn Jason nach Hollywood geht und dort fünfzehn – ganz recht, fünfzehn – unserer beliebtesten alten Hollywoodstars, die in Gastrollen Opfer spielen, zerhackt. Yvonne De Carlo mit einem Messer, Rudy Vallee mit einem Eispickel, vielleicht sogar Esther Williams mit einer Motorsäge.

Aber als ich versuchte, den zweiten Teil von *Pink Flamingos* zu drehen, wollte mir kein Mensch Geld geben. »Liefern Sie uns doch etwas, bei dem wir *zugeben* können, daß wir es mögen«, sagte ein leitender Herr eines Studios, der behauptete, beim Lesen des Scripts »laut losgelacht« zu haben. »Columbia Pictures«, erklärte er, »kann unmöglich eine Vorstandssitzung einberufen und den Aktionären das neue Projekt vorstellen, indem man ihnen riesige Fotos von Divine zeigt.« »Warum nicht?« wollte ich wissen. »Wenn Sie das Verhältnis von Kosten und Gewinn des ersten *Pink Flamingos* nähmen und auf ein Hollywood-Budget anlegten, hätten Sie einen Mordserfolg.« »Nun, in einem Hollywood-Film darf einfach keine Scheiße vorkommen«, erwiderte er, verblüfft darüber, daß er es extra aussprechen mußte. »Darauf wäre ich nie gekommen«, dachte ich und biß mir auf die Zunge. Statt dessen platzte ich heraus: »Eine Fortsetzung von *Pink Flamingos* ohne Haufen ist wie *Jaws* ohne Hai. Die Zuschauer würden das niemals mitmachen!« Diese Logik half nicht. »Pink Flamingos Meets Emmanuelle in Bangkok Beneath The Valley of the Ultra Vixens«, vorletzte Folge in 3-D, Teil 6, wird weiterhin nicht verfilmt werden können und statt dessen in meiner Phantasie schwelen, bis ich eines Tages aus dem Stoff vielleicht einen Roman mache. Ein Mangel an machbaren Produktformen ist mein Problem.

Für einen unabhängigen Filmer ist es sehr nützlich, »kontrovers« zu sein. Media Home Entertainment war bereit, vier meiner Filme als Videokassetten herauszubringen. Man hatte eine hübsche Verpackung entworfen, eine großartige Anzeigenkampagne war fertig (»Bringen wir den Schund wieder in die trauten Heime, wo er hingehört«), und ich war in den Startblöcken, um auf eine Werbereise zu gehen. Als die Vertreter der Firma und die Großhändler im Mittleren Westen das Produkt sahen, flippten sie wie verlautet aus und weigerten sich, es zu verkaufen. Meuterei. Ich war am Boden zerstört. Da aber die Presseerklärungen, die die Kassetten ankündigten, schon verschickt worden waren, bekamen die Video-Journalisten eine heißere Geschichte, als wenn die Videos ohne jede Störung erschienen wären. Deshalb bot uns eine andere Firma, nämlich Continental Video, eine größere Summe, als wir für den ersten Vertrag bekommen hatten. Aber wenn das in Hollywood passiert wäre, wären die Bänder nie erschienen, man wäre wegen Besudelung des Firmenimage praktisch tot und bekäme wahrscheinlich nicht einmal eine Einladung für die Voraufführung von *Bolero* fürs Straßenpublikum.

Sicher und sogar ratsam ist es, Hollywood-Erfolge der Vergangenheit zu imitieren, um eine Studiofinanzierung zu bekommen, aber versuchen Sie niemals, einen Independent-Film zu kopieren, wenn Sie diesen Weg einschlagen. Mit einem Abklatsch von *The Gods Must Be Crazy* oder *Stranger Than Paradise* kommt man keinen Schritt weiter, aber fünf oder sechs Imitationen von *Star Wars* kann der Markt durchaus verkraften. »Sie sind in einer beispielhaften *Catch-22*-Situation«, erklärte mir inoffiziell ein wohlwollender Studiomanager. »Wir kennen alle Ihr Werk, und wir würden liebend gern bezahlen, um in Ihre Premieren zu kommen; Ihr Name öffnet Ihnen die Tür, aber er sperrt Sie auch aus, und zwar aus demselben Grund, aus dem Sie Erfolg haben.« In Hollywood gibt es eine Million »Vice-Presidents«, und deren Jobs sind gesichert, solange sie nein sagen; ein zaghaftes »ja« aber löst Panik aus.

Wenn man jemals einen Film machen möchte, muß man unbedingt die Fähigkeit haben, seine Ware »anzupreisen«. Mir ist schleierhaft, warum das in Filmschulen kein Pflichtkurs ist. Ein unabhängiger Filmer muß dabei alle Verwandten, die Geld haben, malträtieren, und Parties besuchen, um reiche Leute kennenzulernen. Früher bin ich mir zeitweise wie ein Klinkenputzer vorgekommen; ich habe für potentielle Finanziers sogar schon einen ganzen Film dargestellt und bis in die kleinste Rolle vorgespielt. In der Regel sind über Monate, sogar Jahre hinweg »Meetings« nötig, bis sie sich entschließen, einem das Geld zu geben. In Hollywood ist es viel besser. Man geht hinein, hat etwa fünfzehn Minuten Zeit, das Projekt anzupreisen, und erhält nach ein paar Tagen Bescheid. Wenn man das erste Mal – von vielen Malen – grünes Licht bekommt, geben sie einem einen Haufen Geld, mit dem man nach Hause fahren und das Projekt »entwickeln« kann. Beide Seiten wissen, daß die Chancen, daß es je auf die Leinwand kommt, gering sind, und daß der Film, sollte es doch klappen, nur noch eine vage Ähnlichkeit mit der ursprünglichen Idee haben wird.

Mein erstes Abenteuer im Anpreisen meiner Person in Hollywood erlebte ich, als ich mich um die Regie von *A Confederacy of Dunces* von John Kennedy Toole bemühte, ein Buch, das mich begeisterte, und das einzige Projekt, das mich je interessierte, ohne daß ich es selbst geschrieben hatte. Das Meeting schien gut zu verlaufen, der Produzent hörte sich höflich meine Ideen an, aber ich habe nie wieder von ihm gehört. Er hat mir nie auch nur eine offizielle Absage erteilt. Erst etwa ein Jahr später verstand ich den Grund. Ich hatte dem leitenden Herren ein Exemplar meines Buches mitgebracht, in welchem sich auch ein Foto von mir mit einem Massenmörder befindet, dessen ich mich in meinem endlosen Interesse für Psychopathologie angenommen hatte. Leider hatte er einen der besten Freunde des betreffenden Produzenten getötet. Ich fühlte mich wirklich elend. Und natürlich habe ich den Auftrag nicht bekommen. Möglicherweise war das das mit Abstand katastrophalste »Meeting«, das in Hollywood je stattgefunden hat, aber andererseits denke ich mir, daß alle Regisseure Geschichten über ihre Erfahrungen zu erzählen haben.

Auf einer anderen Verkaufsreise hatte ich Termine bei mehreren Studios. Da es bei einem meiner Projekte um den Tag ging, an dem die Dicken die Herrschaft über die Welt übernehmen, betete ich, daß ich nicht in ein Büro kommen und mich einem übergewichtigen Produzenten gegenübersehen würde. Es wäre sehr peinlich gewesen zu sagen: »Freut mich, Ihre Bekanntschaft zu machen. Ich habe hier eine wunderbare Komödie über dicke Menschen«, wenn er oder sie mich heimtückisch über eine große Schüssel Kartoffelpüree hinweg betrachtet hätte. Ich begrub dieses Projekt bald, als mir eine andere Produzentin erklärte, sie könne es kaum vor ihrem Chef vertreten, einem ewig braungebrannten kalifornischen Gesundheitsfanatiker und scheinheiligen Fettsack.

In einem anderen Studio versuchte ich es mit einer weiteren Idee von mir (das ist die, an der ich momentan arbeite), und sie schien anzukommen. Hollywood mochte meinen Einfall tatsächlich. »Gehen Sie schnell«, raten die Agenten einem beim ersten Anzeichen von Zustimmung, »bevor Sie etwas sagen, was die Herren veranlaßt, es sich anders zu überlegen.« Die Studiobonzen baten um eine Vorführung von *Polyester*, dem letzten Film, den ich gemacht hatte. Da er von der bürgerlichen Presse positive Kritiken bekommen und Geld eingespielt hatte und in Anbetracht des (nach Hollywood-Maßstäben) winzigen Budgets recht gut aussah, hielt ich ihn für die ideale Arbeitsprobe. Aber was dann folgte, war der Alptraum eines jeden unabhängigen Filmemachers. Der Studiochef schaute andauernd auf seine Uhr, nörgelte: »*Das* finden Sie komisch?« und ging nach fünfzehn Minuten. Es ist unnötig zu erwähnen, daß mir das Projekt wieder »zur Verfügung gestellt« wurde. Ich liebe diese Hollywood-Ausdrücke. Wenn ein Film »angenehm« anläuft, bedeutet das, daß er ein gigantischer Mißerfolg war. »Zur Verfügung stellen« ist eine höfliche Formulierung für folgendes: »Denken Sie an das Wort *Bein*; ersetzen Sie den ersten Buchstaben von *Bein* durch den neunzehnten Buchstaben des Alphabets. NEIN! Raus mit Ihnen!«

Es spielt keine Rolle, wie renommiert man ist, »anpreisen« muß man sich im Grunde immer. In Baltimore nahm ich einmal an einer Finanzierungsversammlung für lokale Geldsäcke teil, auf der Geld für einen Film mit dem Titel *Wilderness* organisiert werden sollte. Das Budget betrug 20 Millionen Dollar. Die Hauptrolle hatte Richard Dreyfuss, und Regie sollte John Frankenheimer (*Seven Days in May, The Manchurian Candidate, Birdman of Alcatraz*) führen. Da stand er nun und tat genau dasselbe, was ich jahrelang getan hatte – er machte Geld locker. Lieber Gott, das hört nie auf! Der einzige Unterschied war, daß er sein angepriesenes Projekt zum Teil auf Video hatte, die finanziellen Aussichten viel interessanter waren und die potentiellen Geldgeber ein Feinschmeckermenü bekamen. Ich bot Ihnen normalerweise nur eine Zigarette an.

Die »Besetzung« ist sehr wichtig für das Zustandekommen einer Finanzierung, weil selbst ein einziger »Name« ausreicht, um den Verkauf über den heimischen Verleih hinaus nach Uganda oder irgendeinen anderen wichtigen internationalen Nebenmarkt zu garantieren. Versuchen Sie, Brüder und Schwestern von berühmten Stars (Joey Travolta, Kevin Dillon) zu verpflichten, und hoffen Sie, daß man in Tunesien den Unterschied nicht bemerkt. Bei den Independents arbeiten Schauspieler und Team manchmal für geringe Bezahlung, wenn man ihnen dafür »Anteile« an den Gewinnen des Films gibt. Ich habe nie verstanden, warum man da nicht fair sein, diese Sitte umgekehrt anwenden und Arbeitslohn *zurückverlangen* kann, wenn das Projekt *Verluste* macht.

Der größte Star für einen von Hollywood unabhängigen Film wäre Liberace, die Verkörperung all dessen, woran ich glaube, und zwar in höchster Potenz. Er wäre ideal für einen Horrorfilm. In den Klatschkolumnen zirkulierte sogar das (vehement abgestrittene) Gerücht, daß man ihn für die Hauptrolle der Fortsetzung von *The Texas Chainsaw Massacre* verpflichtet habe. Er wäre absolut perfekt. Ich habe ihn kennengelernt, und er ist tatsächlich schaurig. Wenn man die Hand ausstreckt, um ihn zu begrüßen und ihn dabei so nah vor sich sieht, ist die erste Reaktion ein unwillkürlicher Schrei. Seine Gesichtshaut ist so straff gespannt, daß er gar nicht *nicht* lächeln kann. Er ist der Fleisch gewordene

»Mr. Sardonicus«. Stellen Sie sich vor, wie er Drew Barrymore mit einer kreischenden Motorsäge durch einen Sumpf jagt, und Sie können sich ein Bild machen von einem Megahit schwindelerregenden Ausmaßes.

Die echten Stars sind in Hollywood alle im Zeichentrickfilm. Alvin und die Chipmunks haben keine hysterischen Starallüren und verlangen keine maßangefertigten Mobilheime, und eine Kostümprobe ist bei ihnen ein Kinderspiel. Cruella DeVille, Gorgo, Rainbow Brite, Gus-Gus, Onkel Dagobert und die Glücksbärchis sind alle Superstars, und doch wird ihr Image nicht von Drogensucht, Eheproblemen oder Vaterschaftsklagen getrübt. Sie altern nicht, sträuben sich nicht gegen Promotionaufgaben und sind auch nicht patzig gegenüber hochdotierten Regisseuren. Darüber hinaus kann man sie zu Tode vermarkten, ohne daß sie sich ausgebeutet fühlen. Ich möchte gern einen Snuff-Film mit großem Etat drehen, in dem all diese Stars auftreten.

Natürlich habe ich Hunderte von Phantasieprojekten, die anzubieten ich mir gar nicht erst die Mühe mache, weil ich weiß, daß sie ohnehin nie realisiert würden. Divine und Francis, das sprechende Maultier, eine sodomitische Liebesgeschichte für Kinder reiferen Alters, in der Francis schwul wird und Divine bei der Auswahl ihrer Abendkleider hilft. Oder ein Remake von *Persona* mit Liv Ullman und Benji in den Hauptrollen, »endlich gemeinsam auf der Leinwand.« Oder einen Dokumentarfilm, in dem Manson und alle ehemaligen Mitglieder seiner Familie sich für einen Nachmittag in einem abgewrackten Festsaal in L.A. wiedertreffen. Einige sind jetzt Jesus-Freaks, einige sind resozialisiert, während andere der gemeinsamen Sache immer noch die Treue bewahren. Stellen Sie sich die Dramatik, die Spannung, vor, und mit dem Titel *The Big Kill* wäre er auch noch kommerziell. Wenn das nicht »high concept« ist, was dann?

Filmstudenten vergeuden zu viel Zeit mit dem Studium von »Meisterwerken«. *Fahrlässiges Filmemachen, Umgehung der Gewerkschaften* oder *Zum Teufel mit Completion Bonds* würden doch einen viel praktischeren Lehrplan abgeben. Die Professoren sollten sich darauf konzentrieren zu erklären, wie man mit zehn kokainsüchtigen Zahnärzten eine Kommanditgesellschaft gründet oder wie man mit Ärzten eine Schauspielerversicherung türkt, wenn die Hauptdarstellerin mehr als fünfhundert Pfund wiegt oder purpurwindensüchtig ist. Es sollte ein Lehrbuch über »Air« geben, da dieser Terminus innerhalb der Filmindustrie weitgehend akzeptiert ist, um den unabänderlichen, halsabschneiderischen Faktor in diesem Barzahlungsgeschäft zu beschreiben. Wissen Filmstudenten eigentlich, daß man einen »Kontrolleur« anstellen kann, der seine Runde durch die Kinos macht, Eintritt zahlt und, indem er die Kinogäste zählt, überprüft, ob die offiziell gemeldete Zuschauerzahl der Wahrheit entspricht? Wissen sie auch, daß manche Theaterbesitzer den »Kontrolleuren« auf die Schliche kommen und ihnen noch mehr bezahlen, damit sie lügen? Überprüfen Filmfreunde, die immerzu beteuern, daß sie das Kino mehr als das Leben lieben, die abgerissenen Kontrollabschnitte ihrer Karten, um zu sehen, ob die Seriennummer mit dem Original übereinstimmt? Ansonsten beklaut das Kinopersonal nämlich ihre Lieblingsregisseure, indem es die Karten noch einmal verkauft und das Geld einsteckt. Wissen die höheren Semester der großen Filmhochschulen eigentlich, daß angesagte Nightclubs gerne alle Kosten für eine noble Premierenfeier übernehmen, damit der Club am nächsten Tag in der Zeitung steht? Werden an den Schulen heute überhaupt *praktische* Ratschläge vermittelt? Wiederholte Vorführungen von *Rashomon* nützen Ihrer Karriere überhaupt nichts. Statt dessen sollte ein Film gezeigt werden, der in jedem Winkel der Welt gelaufen ist, auf dem Videomarkt profitabel war und wirklich Gewinn gemacht hat. Analysieren Sie, welchen Fortgang er genommen hat vom Moment der Konzeption bis zur tatsächlichen Ausschüttung der Gewinne. Wählen Sie einen richtigen Film aus. Einen brauchbaren. Wie wäre es mit *C.H.U.D.*? Der ist recht gut. Der geheimnisvolle Titel steht für *Cannibalistic Humanoid Underground Dwellers* oder, schlicht gesagt, Monster, die in der Kanalisation von New York leben. Einerseits ist dieser Film das ideale Studienobjekt, und andererseits kann er auch deutlich machen, daß diese »CHUDs«, verglichen mit einigen der Leute, mit denen man sich in der Filmbranche abgeben muß, Waisenknaben sind.

»Aber wie kann ich Hollywood nun tatsächlich dazu bringen, mich zu finanzieren?« fragen sich die Filmstudenten immer. Ich weiß, glaube ich, die Antwort. Befolgen Sie das folgende Szenario, und ich garantiere Ihnen, daß Sie in Beverly Hills landen werden und die Directors Guild of America Ihren Namen an beeindruckender Stelle in ihren Listen führen wird. Wenn Sie den Marsch durch die Studios antreten wollen, schreiben Sie zunächst dem leitenden Herrn Ihrer Wahl, und vertrauen Sie ihm an, Sie seien einer der PCP-Dealer seiner Kinder, hätten Schuldgefühle und würden die Sache gern mit ihm besprechen. Wenn Sie den Termin dann haben, ziehen Sie sich der Rolle entsprechend an. Sie sind schließlich Filmregisseur, nicht wahr? Tragen Sie eine Baskenmütze und ein fest eingepflanztes Monokel, benutzen Sie eine extralange Zigarettenspitze und führen Sie ein Megaphon mit sich. In der anderen Hand halten Sie eine Reitgerte, falls Sie richtig wagemutig sein wollen.

Wenn die Sekretärin sie zu ihm hineinführt, brüllen Sie »Action, bitte!«, und jedesmal wenn der Bonze etwas sagt, was Sie zu Ihrem Vorteil nutzen können, bellen Sie »Schnitt! Kopieren, bitte!« Aus irgendeinem unerfindlichen Grunde scheint das Axiom »Es ist einfacher, an 5 Millionen Dollar zu kommen, als an 500 000 Dollar«, wahr zu sein, und deshalb verlangen Sie von vornherein 40 Millionen Dollar. Erklären Sie, daß Sie selbstverständlich eine ganze Armee von Schmarotzern haben, die mit Ihnen auf Reisen geht und das noble Leben gewohnt ist. Sprechen Sie seine Sprache; er wird verstehen. Wenn Sie Ihre Story anbieten, müssen Sie sie immer mit einem Erfolg der letzten Zeit vergleichen, da man sich in den Studios einfach nie daran zu erinnern scheint, daß die finanziell erfolgreichsten Filme immer sehr originell waren. Wenn es bei Ihrem Projekt um Teenager geht, die durch eine bestimmte sexuelle Technik vorzeitig altern, vergreisen und sich dann rächen, indem sie Säuglinge töten, beschreiben Sie es als einen Horrorfilm, der die besten Seiten von *Cocoon* und *Back to the Future* in sich vereint. Sobald man Ihnen den Auftrag für die Drehbuchentwicklung erteilt hat, schreiben Sie die Fassung, die Sie sich vorstellen, und dann machen Sie vier minderwertige Versionen und reichen die schlechteste zuerst ein. Ihr Script kann nämlich noch so großartig sein, man wird Sie trotzdem zwingen, es umzuschreiben. Sie können sich etwas Zeit und Kopfschmerzen sparen, wenn Sie die Studioleute in dem Glauben lassen, Ihr Script hätte sich aufgrund ihrer Anregungen verbessert.

Suchen Sie sich ein Team, das entweder aus Ex-Knackis besteht oder sehr sexy ist, vorzugsweise beides. Häftlinge eignen sich gut dazu, Gewerkschaftsfunktionäre zusammenzuschlagen, die auf dem Set herumschnüffeln, und wenn er oder sie schnuckelig ist, können Sie die betreffende Person dazu bequatschen, in der Mittagspause für Aktfotos zu posieren, die dann an halbseidene Magazine verkauft werden. Geben Sie dem Team Amphetamine, damit sich nur keiner auf die faule Haut legt. »Dollar! Dollar! Dollar!« zu brüllen, während die Sekunden verrinnen, ist eine gute Methode, um die Leute daran zu erinnern, daß Filmemachen nun wirklich kein Jux ist. Entführen Sie einen bedeutenden Star und zwingen Sie ihn, in Ihrem Film mitzuwirken. Auf diese Art werden Sie todsicher Interesse für Ihr Projekt erregen und brauchen nicht einmal einen Presseagenten für die Produktion einzustellen. Die Drohung, Ihrer Hauptdarstellerin ein Ohr abzuschneiden und es an *Daily Variety* zu schicken, wenn sie nicht den fünfzigsten Take macht, ist eine wirksame Form der Schauspielerbändigung. Setzen Sie irgendeinen Zeilenschinder aufs Set, der einen Bericht über die Dreharbeiten schreibt, damit auf dem Taschenbuchmarkt ein flotter Absatz gewährleistet ist. Zwingen Sie die unbekannten Nebendarsteller, beim Filmhersteller einzubrechen und Rohfilmmaterial zu stehen. »Du willst doch Filmstar werden, oder nicht? Nun, dann zeig mal, wie sehr dir daran gelegen ist«, ist Motivation genug für jeden hoffnungsvollen Tragöden.

Drehen Sie nur eine einzige Version Ihres Films. Überschüssiges Material vernichten Sie sofort. Fragen Sie aber keinesfalls um Erlaubnis, denn sonst wird doch nur irgendein Produzent in den Schneideraum gestürzt kommen und vorschlagen: »Warum versuchen wir es nicht so?« Kein weiteres Material zu haben, ist ein wirksamer Selbstschutz, wenn Ihr Vertrag Ihnen nicht das Recht auf den endgültigen Schnitt einräumt.

Sobald der Film fertig ist, mieten Sie hier und da Filmtheater für Previews an, um die Reaktionen des Publikums zu testen, und *sorgen* Sie dafür, daß es Reaktionen zeigt. Wenn es sich um einen Horrorstreifen handelt, setzen Sie Helfer in die Kinos, die Herzanfälle inszenieren. Falls er sexy sein soll, heuern Sie die Casanovas des Ortes an, damit sie nach vorn rasen und die Leinwand bespringen. Noch besser, Sie bestechen einen Krankenpfleger, einen todkranken Patienten in Ihre Vorführung zu bringen, damit der glatt im Kino stirbt. Die Mundpropaganda wird phantastisch sein. Wie alle Verleiher übertreiben Sie schamlos mit Ihren anfänglichen Einnahmen, und dann verkaufen Sie den Film für eine hübsche Summe plus Anteile ganz an ein Studio. Wenn der Film endlich seine offizielle Weltpremiere hat, lassen Sie sich wegen all Ihrer filmischen Verbrechen verhaften und berufen sich auf »zeitweilige Unzurechnungsfähigkeit hinsichtlich Zelluloids«. Wenn möglich, lassen Sie den Prozeß gegen Sie in Los Angeles stattfinden, wo die Berichterstattung enorm sein wird, und sehen Sie zu, daß in der Jury lauter Typen aus der Filmindustrie sitzen. Sie werden freigesprochen, und Hollywood wird Sie endlich respektieren. Die Angebote werden schneller als eine Flutwelle über Sie hereinbrechen, und Sie werden im Geld baden. Kann ein Oscar da noch lange auf sich warten lassen?

Gegrüßt seist du, Maria

Mit dem Papst als Presseagenten muß man einfach ein wenig Interesse erregen. Aber Kinobesucher, die von Jean-Luc Godards sehr verleumdeten Film *Je vous salue, Marie* gotteslästerliche Greuel erwarten, werden doch vielleicht etwas enttäuscht sein. Nach dem ganzen Rummel hatte ich schon halb eine Maria erwartet, die oben ohne auf einem Esel sitzt, sich verführerisch windend nach Bethlehem reitet und es unterwegs Krethi und Plethi mit dem Rosenkranz besorgt. Wenn sich all die fanatischen Katholiken, die wegen *Je vous salue, Marie* wild werden (und dem Film so kostenlose Publicity im Wert von Millionen von Dollar zukommen lassen), die Mühe machen würden, ihn sich anzuschauen, möchte ich meinen, daß sie beim Abspann nicht mehr wach wären. Schließlich *ist* es ein Godard. Ein Freund von mir aus Kalifornien lehnt immer noch jeden Kinobesuch mit mir ab, nachdem ich ihn vor mehr als zehn Jahren in eine Vorführung von drei Godard-Filmen geschleppt habe. Wir alle wissen, daß Godard schwierig, unklar, sogar prätentiös sein kann. Ja, *Je vous salue, Marie* ist all das. Aber er ist auch schrecklich witzig. Er ist mein liebster ausländischer Film seit *La lune dans le caniveau* (der *Beyond the Valley of the Dolls* des »anspruchsvollen« Films). Schauen Sie ihn sich zusammen mit einer Person an, mit der Sie gesündigt haben. Kaufen Sie ihr statt Blumen einen Ablaß.

Wer Godards letzte Filme (*Sauve qui peut, la vie, Passion Prénom Carmen, Détective*) gesehen hat, der weiß, daß er ein sehr geistreicher Mensch, großer Spinner und exzentrischer Revolutionär zugleich ist. Er verleiht dem Wort »Genialität« einen guten Klang. Aber wer hätte denn gedacht, daß er obendrein noch fromm ist? Also, lieber Gott, dieser Film sorgt für den größten Stunk, seit Kardinal Francis »Kitty« Spellman *Baby Doll* in den fünfziger Jahren als Einbahnstraße in die Hölle gebrandmarkt hat. Haben die Zensoren denn immer noch nicht kapiert, daß man einen Film am besten lahmlegt, indem man ihn nie erwähnt? Haben die hundert oder mehr Priester und Nonnen, die anläßlich der Premiere von *Je vous salue, Marie* eine Demonstration veranstalteten, sich eingebildet, daß sie die Einnahmen des Filmes allen Ernstes *beeinträchtigen* würden? Haben sie sich verantwortlich gefühlt, als der Geschäftsführer des Filmtheaters am nächsten Tag verhauen wurde? Hat Papst Johannes Paul II., als er in die Falle ging, den Film anprangerte und eigens eine Bittandacht hielt, »um die der Jungfrau Maria angetane Frevelei wiedergutzumachen«, denn nicht erkannt, daß er Godard für diesen Film ein viel größeres Publikum sicherte, als dessen vorheriges Werk gefunden hatte? Hat man sich bei Triumph Films (ein Zweig von Columbia Pictures, die wiederum Coca-Cola gehören), als man kalte Füße bekam und die für Amerika geplante Aufführung von *Je vous salue, Marie* untersagte, wirklich Sorgen gemacht, daß das Kinopublikum auf Pepsi umsteigen würde? (»Sie sollten trotzdem Coca-Cola trinken«, witzelte Godard höflich auf der dicht besetzten Pressekonferenz, die beim New York Film Festival im Anschluß an die Pressevorführung veranstaltet wurde.) Und ist Kardinal John O'Connor und seiner Armee von Weihwasser spritzenden Demonstranten denn nicht klargewesen, daß sie, die aus einem unbekannten französischen Film einen »Fall« gemacht haben, der Traum eines jeden Presseagenten sind?

Ist *Je vous salue, Marie* wirklich blasphemisch? Kann der Film überhaupt den unglaublichen Höhepunkt von Buñuels hochgelobtem *Viridiana* übertreffen, bei dem schmuddelige Bettler durch ein Haus toben und eine Orgie veranstalten, sich Händels *Messias* anhören und dann von einer alten Frau, die obszön ihre Röcke hebt, »fotografiert« werden, als sie sich betrunken um einen Tisch versammeln und zu einer infamen Parodie von Da Vincis ›Das letzte Abendmahl‹ erstarren? Oder Jerzy Kawalerowiczs *Matka Joanna od aniolów* (Mutter Johanna von den Engeln), der die Geschichte eines Priesters erzählt, welcher in ein vom Teufel besessenes Nonnenkloster geschickt wird und dort die Dämonen austreiben soll, statt dessen aber dem sinnlichen Charme der Mutter Johanna verfällt, ihre Sünden auf sich nimmt und aus »Liebe« für seine Nonne zwei unschuldige Menschen tötet? Im Jahr 1951 mußte sogar das Oberste Bundesgericht zur Gotteslästerung Stellung beziehen und entschied, daß *The Miracle* Anspruch auf verfassungsmäßig verbürgten Schutz habe. Bei dieser Geschichte eines jungen Bauernmädchens, das von einem Vagabunden, welchen es für den heiligen Joseph hält, verführt wird, mögen sich dem Klerus seinerzeit die Nackenhaare gesträubt haben, aber die Szene, in der die Dorfbewohner den »Heiligen« verspotten und das Mädchen mit einer Waschschüssel als Heiligenschein krönen, ist heute der Aufnahme in die Geschichtsbücher würdig. Manche hatten sogar Einwände gegen *Il vangelo secondo Matteo* (Das erste Evangelium-Matthäus) des Heiligen Pier Paolo (»Ich bin Katholik. Ich bin Kommunist. Ich bin homosexuell«). Pasolini, weil Maria darin als »gewöhnlich« und »kalt« dargestellt sei. Wie Geschmack ist auch Blasphemie eine ganz subjektive Angelegenheit. Würden Richard Gere als König David oder Mary Tyler Moore als Nonne in dem Elvis-Vehikel *Change of Habit* in manchen Gemeinschaften nicht als blasphemisch angesehen werden? Zu guter Letzt: Hätte Flannery O'Connor *Je vous salue, Marie* gefallen? Ich wünschte, diese eine gescheite Katholikin, deren Schriften über Dogma Hand und Fuß hatten, würde noch leben, um mir alles zu erklären.

Godards »Maria« arbeitet in der Tankstelle ihres Vaters und ist so eine Art Basketballaficionado. Joseph ist Taxifahrer. Bevor man auch nur »Der Herr sei mit dir« sagen kann, trifft der Erzengel Gabriel ein, um über Joseph zu wachen (in einer weiteren geradezu quälend schönen Aufnahme eines Flugzeugs, die das Kennzeichen von Godards späteren Filmen zu sein scheint). Gabriel wird von einem sonderbaren kleinen Mädchen begleitet, das seine Sekretärin ist und wie das gespenstische Kind in Fassbinders *Chinesisches Roulette* aussieht. Gemeinsam machen sie alle möglichen surrealen Dinge; so schnüren sie zum Beispiel Gabriels Schuh, wobei jeder von beiden ein Ende des Schnürbandes in der Hand hat. Maria – ein normales Mädchen, wie es im Buche steht – hat das Gefühl, schwanger zu sein, sieht das bevorstehende Ereignis voraus und hat, da sie bisher keine derartigen Karrierepläne hatte, natürlich zwiespältige Gefühle dazu. Joseph hat nie mit Maria geschlafen; deshalb ist er auch skeptisch, als Gabriel ihm erklärt, daß Maria ein Kind erwarte, und glaubt Marias Beteuerung »Ich habe mit niemandem geschlafen« nicht. »Bei Gott, das ist ja unglaublich«, sagt Joseph mit ungerührtem Gesicht. »Dann müssen die Kerle aber lange Schwänze haben.« Maria geht zum Gynäkologen und fragt: »Haben Seelen Körper?« Und er bestätigt ihre schlimmsten Befürchtungen. »Sagen Sie es Joseph, bitte«, bittet Maria.

Maria wird dann leicht verrückt vor Frömmigkeit. Sie träumt Gebetfragmente und wirft sich in der Badewanne hin und her, um sich von unreinen Begierden zu befreien. Zumindest leidet sie nicht unter morgendlichem Erbrechen. Joseph macht auch eine schwere Zeit durch. Maria schimpft ihn dumm (er liest seinem Hund vor und hat noch nie von Shakespeare gehört), und Gabriel und seine Assistentin machen ihn fertig, indem sie behaupten, er sei ein Trottel und verstehe nicht sich richtig zu kleiden. Noch schlimmer, Maria weist all seine sexuellen Annäherungsversuche zurück. »Warum stößt mein Körper dich ab?« schimpft Joseph, verliert die Geduld und klatscht ihr ein paar. Damit er Ruhe gibt, erlaubt sie ihm schließlich, ganz kurz ihr Bein zu berühren, und ich nehme an, daß die Theologen darüber werden diskutieren müssen, ob das Marias erste läßliche Sünde war. »Darf ich dich nur ein einziges Mal nackt sehen?« fleht Joseph. »Ich gucke nur.« Maria kann nicht schlafen. Schließlich war es doch nicht *ihre* Idee, die Mutter Gottes zu werden. »Warum ausgerechnet ich?« erwartet man immerzu sie schreien zu hören. Endlich läßt Maria sich erweichen und erlaubt Joseph, ihr beim Ausziehen zuzuschauen, aber »anfassen« kommt für dieses Mädchen nicht in Frage. Joseph: »Ich liebe dich« (wobei er nach ihrem nackten Körper greift). Maria: »Nein!« Plötzlich erscheint Gabriel aus dem Nichts und ringt Joseph von der Versuchung weg und ruft: »So ist es Gesetz!« Wunderschöne Bilder von Wolken sind dazwischengeschnitten, die Sonne, der Mond, Züge schwirren vorbei, und unterstrichen wird das Ganze von experimentellen Toneffekten, wie es sie kein zweites Mal gibt – schreiende Insekten, heftiger Wind; besser als Dolby. Schließlich darf Joseph seinen Kopf auf Marias geschwollenen Leib legen und ergibt sich in seine Rolle: »Ich werde dich niemals berühren. Ich bleibe.«

Maria beginnt jetzt alle möglichen geisteskranken inneren Monologe zu sprechen: »Der Vater und die Mutter müssen über meinem Körper ficken, und Luzifer wird sterben«, »Gott ist ein Vampir« und noch mehr derartigen Unsinn, der die Prätention einen Schritt weiter bis zur Albernheit treibt, bis sich schließlich ein gewisser wahnsinniger Fluß einstellt. Maria besucht weiterhin ohne jede Rücksicht auf ihre fortgeschrittene Schwangerschaft diese verdammten Basketballspiele, und da sich mir die symbolische Bedeutung dieser Szenen verschloß, meditierte ich statt dessen über eine Nachricht, die ich kürzlich gelesen hatte, der zufolge eine Schwangere im neunten Monat in einem Sportartikelgeschäft verhaftet worden war, weil man annahm, daß sie unter ihrem Kleid einen Basketball hatte mitgehen lassen.

Die Geburt an sich bekommen wir nicht zu sehen, aber wir hören das Schreien eines Babies über verwirrenden Aufnahmen von Flugzeugen in der Luft, Schnee, und, was am frappierendsten ist, einem Schneepflug. Schnitt auf eine blutige Kuh. Wir sehen, wie Marias besorgter Vater die junge Mutter fragt: »Wird Er zu Joseph Vater sagen?« »So ist das Leben«, sagt Maria flapsig und humorlos wie immer. Und dann sehen wir *endlich* einen Esel. Ein wunderbarer Esel! In aller Verehrung gesagt: das beste Bild des Films. Fast hätte ich erwartet, ihn mit Chill Wills

Stimme sagen zu hören: »Gegrüßt seist du, Maria.« Aber so ein Film ist es wirklich nicht.

Dann bekommen wir endlich den Jungen zu sehen, und ich war enttäuscht, daß sein Kopf sich nicht nach hinten drehte. Ein Damien ist Er jedenfalls nicht. Er wächst heran, und Er macht dies und das; so schiebt er zum Beispiel seinen Kopf gänzlich unter Marias Kleid. »Er ist zu alt, um dich nackt zu sehen«, warnt Joseph. Das Kind befindet sich in Schritthöhe und fragt: »Was ist das?« Und, ich schwöre bei Gott, Maria antwortet: »Gesträuch«. Das muß wohl zu derselben Wortfamilie wie »Busch« gehören. Es überrascht mich, daß sie Ihn nicht nach Summerhill auf die Schule schickt. »Dein Vater mag dich vergessen, aber ich werde hiersein«, belehrt Joseph ihn. Dann läuft der Heiland weg mit der Erklärung: »Ich muß mich um die Arbeit meines Vaters kümmern.« Und Joseph fragt: »Wann wird er zurückkommen?« Maria antwortet darauf mit dem wohl albernsten Satz des ganzen Films: »Ostern.«

Das Ende ist köstlich. Maria steigt auf einem Parkplatz in ihren Wagen, und Gabriel, den sie nicht kennt, wartet schon. »Madame?« sagt er immerzu, aber Maria ist mit den Gedanken anderswo. Endlich bemerkt sie ihn und antwortet zerstreut: »Ja?« Darauf sagt er ehrerbietig: »Gegrüßt seist du, Maria.« Ich dachte, ich würde anfangen, über meinem Sitz zu schweben. Diese Szene, in der der Titel des Films tatsächlich dialogisch formuliert wird, ist die beste des ganzen Films. Sogar noch besser als die, in der Taylor und Burton ohne ersichtlichen Grund »Bumm!« sagen, oder Debbie Reynolds' filmische Frage des Jahrhunderts »Nun, was ist denn nur mit Helen los?«

Maria zündet sich schließlich eine Zigarette an (viel weniger blasphemisch als die in *Agnes of God* wenig überzeugend kettenrauchende Jane Fonda), legt Lippenstift auf und sagt, während wir einen Engelschor hören: »Ich bin die Heilige Jungfrau.« Die Kamera macht eine Großaufnahme von Marias Lippen, und so ergibt sich eine nicht beabsichtigte Parodie des Vorspanns und der Plakatwerbung von *The Rocky Horror Picture Show*. Ende. Ab in die Hölle.

Auch wenn dieser Film anstößig zu sein scheint, glauben Sie mir, er ist es nicht. Obwohl die Kameraarbeit brillant ist, die schauspielerischen Leistungen erstklassig sind und das Script garantiert jeden zum Lächeln bringen wird, der eine humorvolle Ader hat und im katholischen Glauben erzogen wurde, ist er auch sehr verwirrend – wohl kaum ein anspruchsvoller Film, der so eine Breitenwirkung hat, daß er für die Vorstädte synchronisiert werden müßte. Wie meistens bei den Filmen von Godard, hatte ich die halbe Zeit über nicht die geringste Ahnung, was eigentlich los war, und ich wünschte, das könnte ich von vielen Hollywood-Filmen auch sagen. Aber das Massenpublikum wird ihn nicht annehmen. Er ist der Snuff-Film des anspruchsvollen Films; es geht darum, das Geld zu kassieren und zu verduften, bevor es sich bei den übrigen Sensationsmachern herumspricht, daß man wie in *I Am Curious (Yellow)* eine ganze Menge aussitzen muß, um zu sehen, was das ganze Theater soll.

Auf seine eigene ironische Art ist der Film durchaus ehrfürchtig. (Einige Vertreter der katholischen Presse haben sich vorgewagt und den Film gerühmt, und auf dem Berliner Filmfest hat er angeblich den Preis der Organisation Catholique du Cinéma et de L'Audiovisuel gewonnen.) Mich als Ex-Katholiken hat *Je vous salue, Marie* dazu gebracht, der Religion zum erstenmal seit Jahrzehnten wohlwollende Gedanken entgegenzubringen. Wer weiß, wie sich *Je vous salue, Marie* noch auf meine eigene Spiritualität auswirken wird? Ich hätte nie gedacht, daß ausgerechnet *Godard* mich in Versuchung führen könnte, zur Kirche zurückzukehren. Zumindest habe ich jetzt neuen Respekt für die Unerhörtheit und Originalität des Konzepts von der Unbefleckten Empfängnis. Vielleicht werde ich nicht mehr so wütend wie früher, wenn ich von Katholiken Geschichten über Traumata in ihrer Kindheit höre, wie zum Beispiel die, welche mir eine Freundin namens Maria (sie heißt wirklich so) mir kürzlich erzählt hat: In der Grundschule zeigten die Nonnen den Mädchen der Klasse ein ganzes Jahr lang ein geheimnisvolles Loch in der Wand am Ende des Flurs. Ein Mädchen nach dem anderen wurde hingeführt, um hineinzuschauen, aber man verbot ihnen zu verraten, was sie dort gesehen hatten. Endlich war Maria an der Reihe, näherte sich ängstlich, steckte ihren Kopf durch das Loch und sah sich ihrem Spiegelbild gegenüber, das von einer Nonnentracht umrahmt war. Endlich bekam sie so Gelegenheit, sich als Nonne zu sehen. Ob die liebe Schwester, die sie begleitete, ihr wohl ins Ohr geflüstert hat: »Gegrüßt seist du, Maria?« Das frage ich mich wirklich.

Ist ein vermeintliches Sakrileg das einzige verbliebene Tabu? Ist das jetzt, da Hollywood Sex und Gewalt in seinen Themenkatalog aufgenommen hat, für jemanden, der auf der Suche nach einem neuen »exploitation film« ist, die einzige Möglichkeit, das Publikum zu echauffieren? Werden nun weitere sakrilegische Filme »nachgemacht« werden? Wird Russ Meyer »Die Maria-Magdalena-Story« drehen? Wird Paul Schrader sich mit den Erben des »Judas« auseinandersetzen müssen?

Darf ich das amerikanische Remake von *Je vous salue, Marie* drehen? Divine wäre phantastisch in der Rolle, und wenn irgendein homosexueller Herr alter Schule im Publikum »Oh, Jessesmaria!« ausriefe, könnte das der Anfang eines ganz neuen Trends auf dem Gebiet des modernen Gebets sein. »Oh, Jessesmaria.« Gegrüßt seist du, Maria.

Das Ende der Prominenten

Ich habe die Prominenten satt. Sie wissen schon, wen ich meine. Ich ertrage es nicht einmal, ihre Namen laut auszusprechen. Lesen Sie es mir von den Lippen ab: die eine, die sich die Achselhöhlen rasiert und sich unter einem Hubschrauberangriff hat trauen lassen. Oder der, der nackt in der Zeitschrift *Playgirl* abgebildet war, aber *keinen* Skandal verursacht hat, weil er ein Mann ist und den größten Kinohit des Jahres gelandet hat. Oder die Sängerin mit dem abstehenden Haar und dem Comeback, die in der guten alten Zeit viel amüsanter war, als sie noch eine richtige Frisur und einen Schnurrbart hatte, abgewetzte Pelzmäntel trug und »Don't Play Me Cheap« sang. Oder die andere alte Schachtel, die diesen Büffel von Kerl als Ehemann und Manager hat und mehr Geld verlangt, um weiter in dieser kitschigen Abendserie mitzumachen. Oder selbst dieser kleine Kerl – der mit Hummeln in der Hose und zu vielen Leibwächtern –, der Liz Taylor beleidigt hat. Die Liste nimmt einfach kein Ende. Sie kennen sie alle – fast schon selbstverständliche Gesichter mit zuviel Medienpräsenz, die so voraussagbar geworden sind wie die ersten gesprungenen Lippen jedes Winters.

Es gibt einfach nicht genug Prominente, um die Öffentlichkeit zu befriedigen. Wenn sie erst einmal an der Spitze sind, wissen wir doch alle, daß es künftig nur noch bergab gehen wird. Warum sich also noch abmühen und weiterhin für sie Stimmung machen. Sehen Sie nur, wie es dem armen Michael Jackson ergangen ist – heutzutage würde sich ein Dreizehnjähriger mit etwas Selbstrespekt nicht einmal tot mit einem einzigen Handschuh erwischen lassen. Wenn man erst einmal Nachrichtenwert hat (besonders wenn man es schafft, auf die Titelseite von *Time* oder *Newsweek* zu kommen), ist man erledigt. An so jemandem kann sich kein Mensch mehr ergötzen. Wir müssen also Kreativität entwickeln und unsere eigenen, ganz persönlichen Prominenten etablieren, die heimlichen Stars emporheben und in unseren eigenen Kreisen zu geläufigen Begriffen machen.

Verstehen Sie mich nicht falsch. Ich bin immer noch ein Sensationsgeier. An jedem 31. Dezember wird mir schwindelig, wenn ich mit meinen eigenen, sauber auf Karteikarten getippten Hitlisten mit den besten und schlechtesten Leistungen des Jahres neben meinem Telefon sitze. Das Problem ist nur, daß niemand anruft. Ich habe also keine andere Wahl, als selbst bei meinen Freunden durchzuklingeln, die gerade versuchen Silvester zu feiern, und sie mit meinen eigensinnigen Bewertungen zu belästigen: »Ich weiß, daß deine Party im vollen Gange ist, aber hast du vielleicht zehn Minuten Zeit für mich?« Während sie die Augen verdrehen, sich einen Stuhl heranziehen und verzweifelt gestikulierend um einen starken Drink bitten, finden sie sich damit ab, daß sie höflich zuhören müssen. Ich bin befriedigt, ihre ungeteilte Aufmerksamkeit zu haben, und lege los:

Der beste Filmtitel: Da liegen drei Kandidaten gleichauf – die Gewinner sind die Pornonachahmungen großer Erfolge: »Rammbock – Heißes Blut, Teil II«, »Der Sperminator« und »Auf der Suche nach dem steifen Giganten«. Die tollsten Lebenshilfegruppen: die Eltern von Kindern, die durch autoerotischen Selbstmord umgekommen sind (Tod durch Masturbation bei gleichzeitiger Selbstaufhängung zur Steigerung des Orgasmus) und HONEST (Nachbarschaftshilfe zum Aufbau von geistiger Gesundheit und Wahrheit), die gegründet wurde von angeklagten Kinderschändern (viele darunter aus der McMartin School in Südkalifornien), die behaupten, unschuldig zu sein. Und natürlich das beste Tier des Jahres: Wer kann es anders sein als Twiggy, Gewinnerin des Häßliche-Hunde-Wettbewerbs, deren haarloser Körper von Warzen bedeckt ist und gelegentlich von schwerer Akne befallen wird. Ihre Besitzerin Patsy Dawson aus Paramount (ich mußte sie einfach anrufen) vertraute mir an, daß sie mit Twiggy nicht spazierengehen kann, weil die Leute in Panik ausbrechen. »›Ist das ein Hund?‹ wird dann immer gefragt. Andere bekommen Angst und schreien: ›Festhalten, das Tier!‹ Dabei wiegt der Hund keine vier Pfund – sie führen sich auf, als wäre er ein Bernhardiner.« Mrs. Dawson, die mit Twiggy in der »Johnny Carson Show« und in der Zeitschrift *People* war, gibt zu, der Ruhm habe »anfangs Spaß gemacht, aber mittlerweile ist es irgendwie nervenaufreibend geworden. Ich arbeite ja vierzig Stunden die Woche. Meine Mutter managt jetzt Twiggys Karriere.«

Meine Wahl für den Mann des Jahres in *Time* fällt natürlich auf niemand anderen als Dr. Steven Rosenberg, den Mediziner, der tatsächlich Ronald Reagans Arschloch gesehen hat. Stellen Sie sich nur diese enorme Macht vor! Und stellen Sie sich vor, wie ihm schwindelig ist angesichts dieses Privilegs, wie er selig an den Fernsehkameras vorbeigeht, nach Hause kommt zu seiner stolzen Frau und erklärt: »Ich habe es gesehen, Schatz! Mit meinen eigenen Augen habe ich es gesehen!« Verständlicherweise mißfiel Nancy Reagan die Berichterstattung in den Medien über die Entfernung einer »Wucherung von bedenklicher Größe aus dem Dickdarm des Präsidenten« sehr, und Donald T. Regan, der Stabschef im Weißen Haus, war, wie *Newsweek* berichtet, »wütend über geschmacklose Zeichnungen von den Eingeweiden des Präsidenten in einigen Zeitungen«. Aber Larry Speakes, der stellvertretende Pressesprecher des Weißen Hauses, rettete die Situation mit der zweifellos witzigsten Retourkutsche des Jahres 1985. Auf die Frage, ob Reagan künftig seine Narbe zur Schau stellen würde, wie Lyndon B. Johnson es nach seiner legendären Operation gemacht hat, antwortete Speakes, daß der Präsident den Medien wohl eher »die Eingangsstelle der gestrigen Untersuchung« zeigen würde. *Touché!* Ein Spruch für die Geschichtsbücher.

Manchmal muß man Prominente auch recyclen, um sie interessant zu machen, und es kann durchaus sein, daß sie in der zweiten Runde noch besser sind. Der zur Diskussion stehende Fall: die sagenhafte und talentierte Miss Joey Heatherton, Star von Bühne und Leinwand, in Las Vegas und in Werbespots für Matratzen. Schließen Sie die Augen, und stellen Sie sich vor, wie es wäre, eines schönen Tages aufzuwachen und Joey Heatherton zu *sein*. Am 8. Juli 1985 war es wohl kaum ein tolles Gefühl. Joey, die Göttin, wurde nämlich im Paßamt der USA im Rockefeller Center in Haft genommen, weil sie angeblich beleidigendes Verhalten entwickelte, nachdem man sie in der Schlange vor dem Paßschalter nicht bevorzugt behandelt hatte. Angeblich bekam sie einen Wutanfall, ergriff Mary Polik, eine Sachbearbeiterin der Paßstelle, riß ihr Haare aus und schmetterte ihren Kopf gegen den Resopalschalter. Na ja, kein Mensch ist perfekt. Zur Verhandlung vor dem Bundesgericht eilte ich nach New York und war am Boden zerstört, als ich erfuhr, daß man sie auf einen späteren Termin verlegt hatte. Wenn man einen Prominenten wirklich vergöttert, übernimmt man selbst die Reporterfunktion und strengt sich an, den Ruhm desjenigen auszuweiten. Ich hatte mir Joey immer als Star einer meiner Produktionen gewünscht, aber da meine Budgets es nie erlauben, große Stars zu Probeaufnahmen einfliegen zu lassen, hatte ich auf eine Probe ihres Könnens im Gerichtssaal zum Sparpreis spekuliert. Statt dessen flitzte ich nun in das Paßamt hinüber und interviewte den Sicherheitsbeamten, der Joey festgenommen hatte.

»Zuerst war sie unverschämt, dann wurde sie gewalttätig«, erklärte er und zeigte mir den Schalter, wo der Angriff angeblich stattgefunden hatte. Als ich die langen Schlangen sah, die sich durch das Amt wanden, konnte ich mir vorstellen, wie sie sich gefühlt hatte. Hatte vielleicht irgendein junger Frechdachs Joey aus der Fassung gebracht, indem er auf ihre Erklärung »Ich bin Joey Heatherton« brutal »Wer« knurrte?

»Sie (Miss Polik) ist seitdem nicht mehr zur Arbeit erschienen«, fuhr der Wachmann fort. »Sie muß einen Halsverband tragen, und sie hat Joey Heatherton auf Schadensersatz in Höhe von 6 Millionen Dollar verklagt. Joey wiederholte immerzu: ›Ich muß nach Paris fliegen.‹ Außerdem wollte sie mit einem 100-Dollar-Schein bezahlen, aber hier muß man das Geld genau abgezählt haben.« Nun, kein Wunder, daß Joey sie sich geschnappt hat, dachte ich bei mir. Ein Paß kostet 42 Dollar, und Hundert-Dollar-Scheine sind in New York nun wirklich keine Seltenheit. Während ich mich dem berüchtigten Schalterfenster näherte, versuchte ich mir vorzustellen, wie mein eigener Arm durch die kleine Öffnung in dem Schutzschild aus Plexiglas schießen und jedem untergeordneten Bürokraten das Haar ausreißen würde, der bis dato seine Macht mißbraucht hatte. Große Klasse, weiter so, Joey! Kauf ihr eine Perücke, und dann haust du sie in Paris aus den Socken!

Eigentlich braucht man nicht einmal echte Prominente, um einen schönen Tag zu haben; die eigenen Freunde können durchaus viel aufregender sein. Mein Telefon klingelte wie verrückt vor Anrufen von der ganzen Ostküste, nachdem wieder einmal ein Fall von Übellaunigkeit den Sprung in die Nachrichten geschafft hatte. Eine Frau, die ich aus meinen vielen in Provincetown verlebten Sommerferien kenne, hatte in diesem exzentrischen Badeort ein Restaurant betreten und dann »einen Drink verlangt«, wie die *Cape Cod Times* schrieb. Als man ihr erklärte, daß die Lounge erst später am Tage geöffnet würde, zog sie angeblich eine geladene, großkalibrige, doppelläufige Schrotflinte hervor und pfefferte einen Stapel Geldscheine hin. Zufällig führte sie auch noch ein »Jagdmesser« und einen »starken, zusammensetzbaren Bogen mit drei Pfeilen mit rasiermesserscharfen Spitzen« mit sich. Sie hatte »7000 Dollar in bar« (man stelle sich das Trinkgeld vor!) und »100 Gramm Kokain« dabei. Da soll mir jemand mit Rambo kommen! »Hatte sie einen Einkaufswagen, um das ganze Waffenarsenal zu transportieren?« fragten sich meine Freunde und versuchten, das Gespräch kurz zu fassen, um loszuflitzen und den Artikel zu fotokopieren, solange er noch brühwarm war. Als diese ziemlich aggressive Kundin schließlich gegen Kaution aus dem Gefängnis entlassen wurde, tauchte sie wieder in allen angesagten Wasserlöchern des Orts auf, und niemand wagte es, den Vorfall zu erwähnen. »Das ist doch wohl nicht dein Ernst?!« kommentierte ein Freund, der ihr früher schon für sein Restaurant Hausverbot erteilt hatte. »Die bringt es fertig und hat Artillerie dabei!« Plötzlich hatte die ganze Stadt wieder Respekt vor dieser widerwilligen Schlagzeilenlieferantin. Und Sie können sicher sein, daß sie in Zukunft mit einer tip-top Bedienung rechnen kann. So laden Sie die Dame gefälligst zu einem Drink ein, um Gottes willen!

Sie sollten sich auch keine grauen Haare wachsen lassen, weil Sie das Nachtleben der Prominenten versäumen, über das Sie in den überall nachgedruckten New Yorker Klatschspalten lesen. Die meisten Bummler, die im »Area«, »Limelight« und dem »Palladium« feiern, sind sowieso nicht berühmt; sie bilden es sich nur ein. Sie können in Ihrer eigenen Heimatstadt genauso dekadent sein. Wenn immer mir in Baltimore besonders garstig zumute ist, statte ich einem Nachtlokal einen Besuch ab, das offiziell »The Wee Hours« heißt, bei den Aficionados aber unter dem Namen »Wee-Wee« bekannt ist. Das Lokal ist wirklich grausig und bezaubernd schön. Jeder kommt hinein. Wieder *heraus* zu kommen, ist das Problem. Das Stammpublikum besteht aus wüsten, tätowierten Gogo-Girls, die von der Schicht kommen, Nutten ohne Freier und Rockerbanden. Ein Sprecher der örtlichen Polizei erklärt, daß diese Gäste alle »voll bis Oberkante Unterlippe« seien, und er fügt hinzu: »Es ist der einzige Laden in Baltimore, wo man so spät noch jemanden finden kann, um eine Nummer zu schieben.«

Vom sozialen Niveau ist es genau wie ein Besuch im Gefängnis. Genet wäre begeistert von der Zusammensetzung. Ich unterlasse jeden Blickkontakt, versuche aber zum schlimmsten Rohling, der mich im Fall einer Geiselnahme beschützen könnte, eine freundschaftliche Beziehung aufzubauen. Alle möglichen Monster fordern einen dort zum Tanzen auf; falls man ablehnt, kann es sein, daß man zusammengeschlagen wird. Man findet dort praktisch alle, die im Milieu Rang und Namen haben. Big Edna aus der Conkling Street ist da – erinnern Sie sich noch, wieviel im Zusammenhang mit ihrem PCP-Verteilerring über sie geschrieben wurde? Und, lieber Gott, da kommen die Pagans, eine Rockerbande. Ich dachte, die hätten wegen Mordversuchs an einem Staatspolizisten in New Jersey alle lebenslänglich bekommen. Vielleicht haben wir Glück und erleben heute abend, wie sie Putz machen. Boy Georges Geburtstagsfeier kann unmöglich so aufregend sein wie das hier.

Wenn Sie Ihrer nächsten Umgebung Aufmerksamkeit schenken,

werden Sie merken, daß Skandale allgegenwärtig sind. Wenn einer Ihrer Elternteile Alkoholiker ist – Mensch, ist das denn nicht genauso prickelnd, wie über Liza Minnelli zu lesen? Verbreiten Sie die Nachricht unter all Ihren Freunden und erleben Sie, wie Ihr Ansehen in der Nachbarschaft steigt. Ihre dreizehnjährige Schwester ist ledige Mutter? Kopf hoch, das ist Farrah Fawcett auch, und es ist ihr piepegal. Hängen Sie an Ihrer Hauswand ein Schild auf, auf dem Sie die Zahl der bis zur Niederkunft verbleibenden Tage bekanntgeben, und aktualisieren Sie den Stand täglich. Sie werden sehen – Leute, die bisher kaum je mit Ihnen gesprochen haben, werden sich darum reißen, das Mädchen zum Krankenhaus zu fahren.

Wenn man es genau nimmt, hat niemand ein langweiliges Leben. Ist Ihre eigene Existenz denn nicht viel interessanter als die aller anderen? Schauen Sie in den Spiegel und sehen Sie sich in einem ganz neuen Licht. Ihnen selbst wird letzten Endes auch alles passieren: Scheidung, komplizierte Operationen, diese oder jene Sucht, selbst der Tod. Am Fuße der Leiter wie auch ganz oben ist es einsam. Sie sind eine prominente Persönlichkeit, es ist Ihnen nur noch nicht klar gewesen. Na los, erzählen Sie jemandem davon. *Aber flott.*

»John Waters' Tour of L.A.« erschien in leicht veränderter Form erstmals im Juli 1985 in *Rolling Stone.*

»Whatever Happened to Showmanship?« erschien in leicht veränderter Form erstmals im Dezember 1983 in *American Film.*

»Hatchet Piece (101 Things I Hate)« erschien in leicht veränderter Form erstmals im November 1985 in *National Lampoon.*

»The Pia Zadora Story« erschien in leicht veränderter Form erstmals im Juli/August 1985 in *American Film.*

»Going to Jail« erschien in leicht veränderter Form erstmals im April 1985 in *American Film.*

»Why I Love the *National Enquirer*« erschien in leicht veränderter Form erstmals im Oktober 1985 in *Rolling Stone.*

»Ladies and Gentlemen . . . the Nicest Kids in Town!« erschien in leicht veränderter Form erstmals im April 1985 in *Baltimore Magazine.*

»How to Become Famous« erschien in leicht veränderter Form erstmals im Mai 1985 in *National Lampoon.*

»Guilty Pleasures« erschien in leicht veränderter Form erstmals im August 1983 in *Film Comment.*

»Why I Love Christmas« erschien in leicht veränderter Form erstmals im Dezember 1985 in *National Lampoon.*

»Hail Mary« erschien in leicht veränderter Form erstmals im Januar 1986 in *American Film.*

»Celebrity Burnout« erschien in leicht veränderter Form erstmals im Dezember 1985 in *Rolling Stone.*